INTERESTING HISTORY

历史就是这么有趣

史上竟有这样的王朝

邢 越/主编

天地出版社 | TIANDI PRESS

超级有趣的历史，感受历史正能量！

"中国历史源远流长，曾经……"停！这老掉牙的故事谁还爱听？这次咱们来点儿趣味十足的爆料，怎么样？想知道中华民族是如何经历无数的挫折和坎坷，创造灿烂与辉煌的吗？快翻开这本书，寻找答案吧！来吧，咱们一起说说历史上的那些事儿：古代是什么样子的？战争只是一场游戏吗？古代国家是不是和现代国家一样？历史上发生过哪些奇怪的事情？谁是战无不胜、攻无不克的名将？历史带给人们哪些智慧启迪？历史上到底有多少悬而未解的谜团？……

这些问题都能在书中找到答案。我们推出的这套《历史就

是这么有趣》，就是为你呈上的一份"超级历史大餐"！本套书选取了历史上精彩的事件和著名的人物，通过新颖的方式、动听的故事、生动的讲述，重新为你展示历史的无穷魅力！此外，为了进一步帮你了解历史，我们还设置了"历史大视野""历史揭秘""趣闻播报"等小栏目。这些极具趣味性、知识性和实用性的小栏目，能更好地帮你拓宽视野、增长知识。同时，精美的手绘插图全面而直观地再现了波澜壮阔的历史场景，增添了文章的可读性。

这绝对是一套超级有趣的历史书！现在，请你马上换个思维、换个方式，甩掉枯燥、甩掉说教，在轻松愉悦的氛围中，探寻你最感兴趣的历史话题吧！

目录 CONTENTS

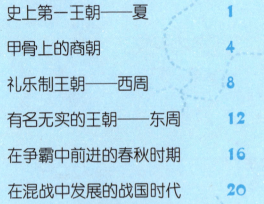

目录 CONTENTS

史上第一王朝——夏

国号	夏	首任君主	启（一说禹）
时间	约前2070—前1600	灭亡君主	桀
都城	阳城（今河南登封县）等		
性质	奴隶制		

在原始社会，人们按照血缘相近的宗族以及氏族结合成一个大集体——由部落和部落联盟组成的氏族公社。氏族公社里人人平等，财产实行公有制，也就是所有财富都是大家共同拥有，首领由人们共同推选出的德高望重的人来担任，首领年老之后，便根据"禅让制"把职位传给众人推选出的新的继承人。这种民主推选首领的制度盛行于上古时期。等到一个叫禹的人当上了首领后，这时随着生产力的发展，产品出现剩余，一些部落内已经出现了贫富两极分化的现象，而且部落间的战俘和战利品逐渐演变为某些人的奴隶和私有财产，原始的财产公有制开始瓦解，私有制和阶级（奴隶和奴隶主）产生了。在这种情况下，禹死之后，代表新兴的奴隶主阶级利益的启（禹的儿子）迅速夺取首领之

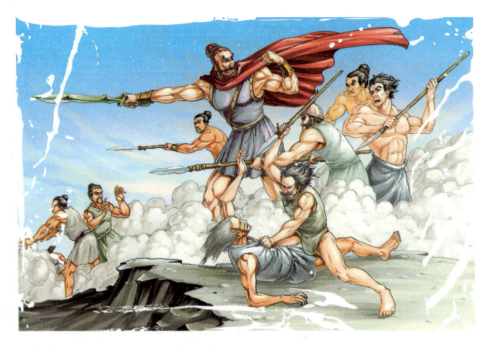

位，并把禹生前推举的继承人伯益杀掉。至此，部落联盟的"禅让制"被废除，取而代之的是父传子的"世袭制"。我国历史上第一个奴隶制王朝——夏朝就在中原大地上正式建立了。

　　作为中国历史上的第一个奴隶制王朝，夏朝的出现是一个巨大的社会进步。夏启建国之后，摧毁了原始社会落后的氏族公社制，初步设立了一些行政机关、官僚系统以及法律、监狱和军队等国家机器，而且还开始征收赋税。这种新的国家体制的出现顺应了生产力发展的潮流，推动了社会经济的进步：在夏朝，农业、畜牧业、手工业都得到了迅速发展，出现了原始的水利工程、酿酒术、冶铜业，还发明了战车。社会经济呈现欣欣向荣的态势。

与蓬勃发展的社会经济相比，夏朝初期的政治局面却比较动荡，夏启之后的几代君主昏庸无能，政权先被东夷族首领后羿夺取，后被伯明氏后人寒浞颠覆。寒浞夺权后，启的重孙少康流落民间，他发愤图强，誓言复国。经过几十年的努力，历尽重重磨难，少康最终重建了夏王朝。由于少康自幼历尽苦难，深知百姓疾苦。因此，复国后，他勤于政事，讲究信用。在他治理下，夏朝再度兴盛，史称"少康中兴"。

少康重建夏王朝以后，社会生产有了进一步的发展，王朝的统治也得到了巩固。但是，分布在东部地区的东夷诸部落却反复不定。他们有时臣服于夏朝，有时又起兵反叛，成为夏朝的心腹大患。少康的儿子杼即位后，率军东征，讨伐东夷各部，最终取得了胜利。杼的东征不但扩大了夏朝的统治范围，更安定了民心，赢得了人们的崇敬，他也因此被认为是继禹之后最出色的领导者。此后，夏朝经历了三百多年稳定时期。

等到十七代君主癸（即夏桀）即位时，夏王朝的统治走向衰落。夏桀荒淫暴虐，众叛亲离，国内的阶级矛盾以及周围方国与夏王朝之间的矛盾日益激化。这时，位于黄河下游一带的商族在首领汤的领导下，开始兴旺起来。大约在公元前1600年，汤率部攻占了夏的都城，夏桀逃到南巢（今安徽巢湖），不久就病死了。至此，共传十四世、十七王，存在近五百年的夏朝结束了。

甲骨上的商朝

国号	商	**首任君主**	汤
时间	前1600—前1046	**灭亡君主**	帝辛（纣）
都城	殷（今河南安阳）等		
性质	奴隶制		

商族主要分布在黄河下游，即今天的河南、山东一带，在汤任首领之前，商一直是夏朝的附庸。汤任部落首领后，任命颇有治国才能的伊尹和仲虺为右相和左相，在二人的辅佐下，商族的势力日益强大。与此同时，夏桀的统治日渐残暴，失去了各个诸侯部落的支持。约公元前1600年，汤统率军队攻打夏桀，夏桀仓皇而逃，夏王朝覆灭，汤建立起商朝。商朝是中国历史上的第二个奴隶制王朝。从商代开始，统治者行事以前往往用龟甲兽骨占卜吉凶，以后又在甲骨上刻记所占卜事项及事后应验的卜辞或有关记事，这些文字就是甲骨文。甲骨文的出现，标志着商朝已经进入有文字记载历史的时代。

根据甲骨文记载，商汤建国后，为适应政治统治和私有财

产继承权发展的需要，逐渐形成了宗族组织和嫡长继承的宗法制度。也就是说，一父所生的多个儿子，嫡长子为继承人，享有财产继承权和祭祖的主祭权，历代相传。其他诸子和庶子，则没有这些权利。甲骨卜辞中还记载了商朝的官制——大体以商王为核心，辅之以其他部落联盟、臣服部族等。其官制主要分为内廷官、外廷官和地方诸侯。内廷官有宰、臣两种，主要负责处理商王的私人事务。外廷官则是处理国家事务的官员，以尹为长，另有卜、作册。此外，地方诸侯则有侯、伯、男、甸等不同的称号。

　　除了宗法制度和官制上的开拓，商代君主还进行了一项重要的政治活动——迁都。为了摆脱西北小国鬼方的骚扰和躲避频繁

的自然灾害，商朝君主曾五迁都城，却没有太大效果。约公元前14世纪，盘庚即位。盘庚之前，其父南庚想要征服东夷，于是将国都迁于奄（今山东曲阜），谁料却使西北方的外患变得更加严重。为了巩固政权，控制四方，同时开拓西北疆土，盘庚决定把偏于东部的国都迁至殷。盘庚的这次迁都效果显著，对振兴商朝起到了积极的、决定性的影响。从那之后，商朝的政治、经济和文化都得到了很大的发展。等到武丁即位后，商朝的统治达到了鼎盛——武丁任用贤能，征服周围方国，大大拓展了疆域，也促进了各地区和民族间的融合，史称"武丁中兴"。

　　商朝政治的兴盛也促进了经济文化的快速发展。在商代，青

铜冶铸技术非常兴旺，到商后期则发展至昌盛阶段，并创造出高度发达的青铜时代文明——冶金、制陶、制骨、天文、气象、历法等科学成果已经达到了一定的水平，而且，商代还建立起了古代的"大学"和"小学"等教育和文化制度，出现了初步的古代精神文明。

不过，从武丁的第三个儿子，商朝的第二十五位国王祖甲开始算起，后面的几代商王几乎全是淫暴之君，商王朝的繁盛局面未得延续，变得日渐衰落。商朝最后一个国王帝辛（即商纣王），是历史上有名的暴君。他暴虐无道，荒淫奢侈，拼命地剥削奴隶和平民，以致民怨沸腾。公元前1046年，周族首领周武王联合其他方国部落讨伐商国，纣王兵败牧野，自焚而死，商朝灭亡。自成汤建国以来，商朝共历十七世，传三十一王，共延续近六百年。

历史大视野

商都在盘庚迁都前共迁徙五次。第一次是商王中丁将都城由亳（今河南商丘）迁至隞（今河南荥阳东北）；商王河亶甲时又迁至相（今河南内黄东南）；商王祖乙即位后，又选定耿（今河南温县东）为新都；不久又再次迁都到庇（今山东鱼台）；商王南庚时，又把都城从庇迁至奄。

礼乐制王朝——西周

国号	周	**首任君主**	武王（姬发）
时间	前1046—前771	**灭亡君主**	幽王（姬宫湦）
都城	镐京（今陕西西安）		
性质	奴隶制		

周族是我国西部一个古老部落，生活在渭水中游的黄土高原上。商朝后期，周族的势力有了很大的发展，周族的首领周文王（姬昌）任用姜尚等人，整顿政治和军事，征服了附近许多方国和部落。周文王的儿子姬发（周武王）继位后励精图治，并得到姜尚、周公旦（武王之弟）的辅佐，周族日益强盛。公元前1046年，周武王在牧野之战中灭掉商朝，建立西周，定都镐京。

周武王灭商两年后即死去，即位的成王年纪尚幼，无法施政，武王之弟周公旦便代摄朝政。这时，周武王的另外两个兄弟管叔、蔡叔与殷纣之子武庚突然纠合作乱，周公旦出兵平定了叛乱，之后挥兵东进，趁势征服了东方诸多方国。此次平叛使周公旦意识到殷商旧部中存有诸多叛周隐患，便建立起东都洛邑（今河南洛阳），

把殷商旧民迁移至此，加强管理。为了巩固统治，西周又以宗法血缘为纽带，建立了等级森严的分封制。通过分封制设立的诸侯国均由中央控制，各诸侯国享有周天子赐予的土地、平民和奴隶，子孙后代对此拥有继承权。而且，各诸侯国对周天子有服从命令、定期朝贡、缴纳军赋和提供力役等义务。这种分封制度一直延续到了西周晚期。除此之外，西周还建立起比商朝更加完备的政权机构。周王是"天下共主"，下设太师、太保及常伯、常任、准夫等诸官辅政。与商朝相比，这些官职分工更加明确，层级也更加清晰。

此外，西周还推行以礼乐治国的方针。早在西周建立之初，周公旦便制定了完整的礼乐体系，形成了国野制、五服制、爵禄制、井田制、继承制以及某些礼仪节文、行为规范，成为西周及

东周数百年间占统治地位的体制。其中，西周形成的规范祭祀活动的礼仪制度和完备的宗庙祭祀体制，为后来的历代封建王朝所沿用和发展。西周初年建立的这些政治制度和礼乐制度，几乎是周公旦一手推动的，待成王长大后，功勋卓著的周公旦便还政于成王，周朝从此进入巩固时期。周成王以殷商王朝的覆灭为诫，敬天保民，敬德慎罚，国势日见昌盛。后来的周康王继承成王治国风范，勤政爱民，国家继续走向强盛。当时，周朝国内各种矛盾缓和，社会安定，国力强盛，经济和文化生活呈现出一片升平景象。农业方面，西周推行的井田制使农业生产水平得以提高。同时，西周的青铜铸造业、制陶业也都取得了较大的发展。教育上，西周在继承商代教育体制的基础上，建立起政教合一的古典教育官学体系，形成了当时先进的六艺教育。这段繁荣的历史时

期被称为"成康之治"。

等到西周后期，周厉王即位后，西周便开始走向衰落。厉王施行暴政，国人（居住在国都内外的人，处于被统治阶级上层，身份高于奴隶和庶人）深感不满，一时间谤言纷起。厉王恐慌，派密探混迹于国人之中，监视散布对自己不利消息的国人，发现之后立即杀害，一时间人人自危，不敢说话。公元前841年，国人忍无可忍，终于发动武装暴动，赶跑厉王，西周从此走向衰落。待厉王死后，宣王即位，他施行仁政，但已无法改变西周的颓势。周幽王即位之后，其统治荒淫昏庸，宠爱姬妾褒姒。为博得美人一笑，竟"烽火戏诸侯"，最终失去了诸侯王对他的信任。公元前771年，申国国君申侯联合缯国、犬戎攻破镐京，杀死幽王，西周灭亡。西周共传十一代十二王，延续了近三百年。

历史大视野

井田制是从西周开始推行的奴隶社会时期的土地制度，由于当时的土地被划成方形或长方形，其分隔的界限形似"井"字，故称为"井田"。井田制下的土地一律不准买卖，只能由同姓依照嫡庶的宗法关系去继承，耕种井田的奴隶也随着土地同属于奴隶主，其终生不得离开土地，更不准转业。

有名无实的王朝——东周

国号	周	**首任君主**	平王（姬宜臼）
时间	前770—前256	**灭亡君主**	赧王（姬延）
都城	洛邑（今河南洛阳西）		
性质	奴隶制		

周幽王死后，申侯等拥立太子姬宜臼为周天子，这就是周平王。这时，西周国都镐京因兵火摧残，已成废墟，西部边陲少数部族势力也开始崛起，对周王室构成重大威胁。于是，周平王决定将都城从镐京东迁至洛邑，投靠强大的东方诸侯国晋和郑。公元前770年，平王在支持者秦襄公、卫武侯等的武装护送下，迁都洛邑，东周从此开始。

经过厉王时代的国人暴动和西周灭亡的两次沉重打击，东周日益衰微，已丧失了统治中心的地位，"天下共主"徒具虚名。政治统治的衰落，使周王与诸侯间延续数百年的统属纽带断裂，诸侯国开始公开僭越周礼。当时，诸侯中最强大的国家是郑国，郑国国君郑伯自恃实力强大，不把周王室放在眼里。平王也担心

郑国有谋反之心，双方渐生嫌隙。不久，为削弱郑伯的权力，平王准备将一部分事权交西虢国国君虢公忌父掌管。郑伯知道后，便当面质问平王。平王害怕，矢口否认。郑伯不信，胁迫王室同他互换人质。于是平王将王子狐作为人质交给郑，郑伯则以公子忽为质给周，史称"周郑交质"。平王死后，即位的周桓王也想夺取郑伯的权力。郑伯怒不可遏，于是多次大面积毁坏王室所属的田地。周郑因此结怨益深，史称"周郑交恶"。

周郑交恶后，王室想收回郑国受封之地，可惜周天子昔日威势已不复存在，郑伯也不把王室放在眼里，拒绝交还封地。随着时间的推移，周郑关系变得越来越恶化。公元前706年，周天子联合蔡、虢、卫、陈四国兴师伐郑。郑国奋起还击，双方战于繻

葛（今河南长葛北），结果王室大败，周桓王肩部也受了伤。此次亲征惨败，使周王室威望大减。从那以后，周王室再也无力支撑局面了。

　　此后不久，中原地区的齐、晋、秦等强国迅速崛起，而这时，东周周边的楚国及戎狄等部落也相继强大了起来，并以合围之势向中原进逼。中原大国趁机提出"尊王攘夷"的口号，所谓"尊王"，是指安定王室，维护正统；"攘夷"则为在北方阻止戎狄的入侵，在南方剪除强楚之患，以保卫华夏地区的中小诸侯。实际上，中原各大国是以"尊王攘夷"之名，达到大肆兼并小国，扩张领土，建立霸权的政治目的。一时间，中原争霸战陆续打响，孱弱无力的东周王室在争夺霸权的硝烟中摇摇欲坠。

周定王元年（公元前606年），楚庄王挥师北伐陆浑之戎（今河南伊河流域卢氏县一带），在途经周室都城时阅兵示威，周定王惊惧异常，便派大臣王孙满前去慰劳。楚庄王竟问王孙满"鼎之大小轻重"。其鼎就是夏禹所铸的象征王室权力的九鼎，楚庄王问鼎，其实意欲取代周室而为天子。王孙满愤而答道："在德不在鼎。""周德虽衰，天命未改。鼎之轻重，未可问也。"楚庄王这才作罢。不过，这个事件却表明，东周王室在诸侯国的眼中，已成为一个随时可取而代之的摆设。

就这样，东周王室在诸侯力政、大国争霸的战火与硝烟之中苟延残喘。直至周赧王五十九年（公元前256年），有名无实的东周终为秦所灭。

历史大视野

历史上，通常把东周分为春秋（公元前770年—公元前476年）与战国（公元前475年—公元前221年）两个时期。春秋战国时期，各国之间互相争霸，战乱不休，相继出现了"春秋五霸"和"战国七雄"。而且，这段历史时期，正是从奴隶制社会向封建制社会的大变革阶段。春秋是奴隶社会的瓦解时期，而战国是封建社会的形成时期。从公元前475年开始，中国便进入了封建社会。

在争霸中前进的春秋时期

春秋时期简称春秋。这个时期，周王室衰微，诸侯不再听从周天子之命，也不再朝觐和纳贡。各诸侯国为了争夺土地、人口和对其他诸侯国的支配权，进行了长期而频繁的争霸战争。战胜的诸侯国会召开诸侯大会，强迫大家公认自己的"霸主"地位。

首先举起霸政大旗的是齐桓公，齐桓公是春秋初年齐国的国君。他在位期间大力发展经济，又任用名相管仲进行改革，大收"通货积财，富国强兵"之效。当时，周王室软弱，北方的戎狄和南方的楚国不断进攻中原。齐桓公便适时提出"尊王攘夷"的口号，联合中原诸侯，北伐戎狄，南拒强楚，先后灭掉三十多个国家，使诸侯尊奉他为霸主。公元前651年，齐桓公在葵丘（今山东淄博）召开诸侯大会，周天子也派代表参加，会上正式承认了齐桓公的霸主地位。

继齐桓公之后称霸的是晋文公。他即位后，任用很有才能的赵衰、狐偃等人，整顿内政，扩大军队。这时，周王室发生了王子带勾结戎狄赶跑周襄王的事件。晋文公利用这个机会，以"尊王攘夷"为口号，打败王子带，树立了威望。公元前632年，晋文公又在城濮（今山东鄄城西南）之战中大败楚军。战后，晋文

公大会诸侯，周襄王也被召来参加，晋文公于是成为新的霸主。

　　春秋时期的第三个霸主是楚庄王。其实早在齐国称霸中原时，楚国便开始积极扩充势力。齐桓公死后，齐国发生内乱，楚国趁机向北扩张。这时，宋国国君宋襄公也想继承齐桓公霸业，便与楚国较量，结果丢掉了性命。正当楚国想借宋国势力衰弱之际，实现称霸中原的梦想时，晋国却强大了起来，并成为新一代霸主。楚国不甘示弱，于是晋楚两国为争夺霸主地位多次交战。公元前598年，楚庄王率军在邲（今河南郑州）与晋军大战，终于大败晋军。中原各国纷纷背晋向楚，楚庄王于是成为中原新霸主。

　　秦穆公也被认为是春秋一霸。秦国位于今陕西省西部，甘肃、宁夏等地，属于当时的中原边缘地区，国力贫弱。秦穆公即

17

位后，任用百里奚改革内政，国力日益强盛，便准备向中原扩张。公元前627年，秦穆公派兵偷袭郑国，不料在途中遭到晋军伏击，全军覆没。此后，秦转而向西发展，秦穆公先后兼并十二国，开地千里，称雄西戎，秦国终成一代霸主。

就在中原大国争斗不息的时候，位于东南地区的吴、越两国也展开了激烈的兼并战争。先是吴王阖闾跃登霸主之位，其子夫差攻破越国，越王勾践被迫求和，臣服吴国。此后勾践卧薪尝胆，蓄积力量，终报一战之仇。公元前473年，夫差自杀，吴亡。越王勾践遂率师北上会诸侯于徐（今山东滕州），号称霸主。然而，越国风光的时代只延续了一百多年，公元前306年便被楚国消灭。

在诸侯争霸的过程中，各诸侯国为增强国力、谋取霸业，十分注重振兴经济、发展生产，春秋时期的社会经济获得了新的发展。铁器的使用，是春秋时期生产力发展的突出标志，它使农业

生产的效率得到极大提高，耕地面积随之迅速增加，私田也随之大量出现，土地私有制正式兴起，并逐渐取代了延续数百年之久的"井田制"。伴随着农业经济的发展，个体手工业者和自由商人也开始出现并日益增多。新兴的封建制生产关系从这时开始萌芽了。

除了经济，春秋时期的文化也于乱世之中获得了空前的发展。中国最主要的几大学派，如主张"无为而治"、一切顺其自然的道家，强调克己复礼、忠恕之道的儒家，都在此时诞生。而且，春秋时期各诸侯国之间竞争激烈，统治者任人唯贤，使得有才能的人能够一展才华，择主而事。等到战国时期，人才流动更加频繁，有才华的人活跃于各国政坛。那些被跨国任用的一流人才，往往具有影响一国兴衰的实力，他们纵横于政坛，具有举足轻重的政治地位。这种从春秋时期开创的任人唯贤的新风气促进了社会的发展，也为后来的再度统一创造了有利条件。

历史大视野

春秋时期，出现了著名的"春秋五霸"。关于"春秋五霸"到底是谁，历来有两种说法：一种说法是指齐桓公、宋襄公、晋文公、秦穆公和楚庄王；另一种说法则指齐桓公、晋文公、楚庄王、吴王阖闾、越王勾践。

在混战中发展的战国时代

战国时代，简称战国，因西汉末年刘向编写的记录这段历史的《战国策》而得名，主要处于东周末期。

经过春秋时期的连年争战，许多诸侯国灭亡，主要剩下齐、楚、燕、韩、赵、魏、秦七个大国。这时的周王室已奄奄一息，在政治中完全失去了天下共主的地位。七个大国的诸侯都先后自立为王，他们为了争夺人口和土地，展开了比春秋时期规模更大，也更为激烈的兼并战争，这七大强国因此被称为"战国七雄"。

以"战国七雄"的发展盛衰为主线，战国时代可以划分为前、中、后三个历史时期。

战国前期，为巩固权力、争霸图强，各国都进行了社会改革，进入了轰轰烈烈的战国变法时代。魏国的李悝打响了变法的揭幕战。战国初年，魏国国君魏文侯任用李悝为相，推行变法。李悝废除了旧的世袭禄位制度，将禄位赐给有功于国家的人，还把国家的土地分给农民耕种，他力主改革军制，严格挑选训练武卒，并且以法治国。李悝的变法使魏国实力迅速增强，成为战国前期最强大的国家。后来，各国纷纷效仿魏国进行变法，比如楚

国的吴起变法，韩国的申不害变法，赵武灵王胡服骑射，齐国邹忌改革，燕国子之、乐毅改革，等等。

在各国的变法运动中，秦国的商鞅变法最为成功。在公元前359年和公元前350年，商鞅先后两次变法。他废井田、开阡陌，从法律上确立了封建的土地所有制；他还废除了旧有的世卿世禄制，奖励军功；在经济上重农抑商，奖励耕织；又推行县制，编制户口，统一度量衡。商鞅变法历时二十多年，在秦国国君秦孝公的支持下，改革进行得比较彻底，从而加速了秦国的封建化进程，使秦国成为"诸侯畏惧"的强国。

经过战国初期的变法，各诸侯国的军事实力都得到了明显提升，新一轮的厮杀角逐、争霸吞并也随之开始，历史进入了战国中期。这个时期，战国前期的霸主魏国在与齐国的交战中，先后

败于桂陵（今河南长垣北）、马陵(今山东范县西南），逐渐走向衰落。而齐国则声威大振，开始取代魏国的霸主地位，成为中原诸侯国中最强大的国家。

不过，齐并非一家独大，而是与位于西部的秦国两强对峙。韩、赵、魏等弱国为了对抗齐、秦，决定北连燕，南连楚，称为合纵，这就是所谓的"合众弱以攻一强"。秦为了对抗合纵，便推出连横之策，即拉拢部分弱国服从自己的指挥去进攻其他弱国，达到连横而与其他诸侯国相拒的目的。

合纵连横的斗争持续了一百多年，随着时间的推移，秦国越战越强，后来齐国也降为弱国，合纵就变成了六国联合抗秦的斗争。战国时代从此进入了后期的征伐。这时，秦国已成为政治舞台上的主角。

公元前256年，秦首先派兵消灭了有名无实的"天下共主"东周，为秦日后吞灭六国创造了有利的政治条件。接着，秦又采取逐个击破的方针，从公元前230年到公元前221年，先后消灭了韩、赵、魏、楚、燕、齐六国，统一了全中国，建立起中国历史上第一个专制主义中央集权的封建国家——秦王朝。

至此，战乱频仍的战国时代终于宣告结束。

战国时代虽然以征战杀伐、诸侯混战为主基调，但整个中原地区的社会经济却于战乱之中获得了巨大发展。

在战国时代，各国为图强进行了一系列变法和改革，已使封建制生产关系占据了主导地位，中国从此进入了封建社会。

而且，战国时代与春秋时期一脉相承，带来了中国历史上的第一次思想大解放。由于统治者大力招揽人才，使得学术环境十分宽松，由此造就了一大批有丰富知识和阅历的知识分子。面对剧烈的社会变革，他们纷纷提出自己的见解，表明各自的主张，形成了不同的学派。在儒、墨、道、法、名、兵、阴阳、纵横、农、杂等观点各异的诸子百家中，最为著名的是儒、道、墨、法四家。为宣扬己派的学说，诸家之间相互争辩，思想领域非常活跃，学术上出现空前繁荣的景象，史称"百家争鸣"。

一批彪炳史册的著名人物，除了春秋时期出现的老子、孔子、墨子、孙子，孟子、庄子、韩非子等思想家、哲学家、文学家在战国时期纷纷诞生，对当时及后代均产生了巨大的影响。另外，思想文化的解放使人们冲破神鬼迷信的束缚，对自然界有了更客观的认识，从而带动了自然科学的发展。

《吕氏春秋》《内经》《甘石星经》等关于文学、医学、天文历法等方面的科学论著不断涌现，从这时起，中国的科学技术水平就开始领先于世界了。

中央集权制王朝——秦

国号	秦	**首任君主**	始皇帝（嬴政）
时间	前221—前207	**灭亡君主**	二世皇帝（嬴胡亥）
都城	咸阳（今陕西咸阳市东）		
性质	封建制		

公元前221年，秦王嬴政先后消灭了与秦国并立的其他六国，带领秦国完成了统一大业，结束了春秋战国以来长达五个世纪的诸侯割据混战的局面，建立起我国历史上第一个统一的封建制中央集权国家——秦朝。这时的秦朝，疆域比以往任何时代都辽阔，东至大海，西至今甘肃、四川，西南至云南、广西，北至阴山，东北至辽东。为维护空前强大的封建王朝的统治，嬴政大刀阔斧，发布了一系列加强中央集权的统治措施：在中央，他设立三公九卿，辅佐皇帝处理各项事务；在地方，他改分封制为郡县制，且郡、县的主要官吏由中央任免和调动。而且，他宣布自己为这个封建统一国家的第一个皇帝，即"始皇帝"，也就是秦始皇。

　　面对先秦时代各国的货币、文字、度量衡，甚至车轨的宽度

都不相同，社会管理极为混乱的情况，秦始皇又推行了大规模的统一政策：首先是统一货币，秦始皇宣布全国统一通用秦国的圆形方孔钱，且货币由国家统一铸造，私人不得铸币。接着，秦始皇又对度、量、衡作了统一、细致的规定，车轨的宽度也统一为六尺，这样就保证了车辆在全国任何道路上行驶都能畅通无阻。秦始皇还采纳了丞相李斯的建议，根据"书同文"的政策统一文字，规定以原秦国的小篆作为全国文字的标准字体。

此外，秦始皇还修筑了驰道、直道等道路体系，建立了以都城咸阳为中心的全国陆路交通网，又组织开凿了灵渠，沟通了长江与珠江两大水系。

秦始皇实行的这些治国举措，对于巩固国家统一，促进经济和文化的发展，起了巨大的推动作用，对此后两千多年的华夏文明的发展，也产生了深远的影响。不过，这些大刀阔斧、改天换

地的统治措施也隐藏着深重的政治危机。在秦统一全国之后的十几年中，秦始皇一直维持着一支庞大的军队以及一个庞大的官僚机构，还完成了一系列巨大的国防建设和土木工程，这包括修建举世闻名的骊山陵墓、万里长城和阿房宫。而且，秦始皇在位期间又发动了征服南越（今岭南地区）的战争，并迁徙五十万人戍守五岭，他还进行了五次大规模的出巡。这些活动需要大量的人力和物力的支持，秦政府因此大大增加了租赋力役的征发，仅筑骊山陵墓、修万里长城、造阿房宫三项，就征发了全国一百万的劳力，再加上修筑驰道等其他徭役兵役，使全国男性劳动力的一半以上被役。另外，为了强化地主阶级的统治，秦朝又推行严刑峻法以镇压人民。沉重的赋税徭役和严刑酷法大大加深了社会的矛盾，也激起了人民的反抗情绪。就在秦朝的各种社会矛盾日益激化之际，公元前210年七月，秦始皇暴死于出巡途中。随后，始皇之子胡亥与丞相李斯、宦官赵高合谋立假诏书，逼迫

秦始皇指定的继承者扶苏自杀，胡亥即位做了皇帝，这就是秦二世。秦二世登基后，继续奉行秦始皇时期的苛政，并宠信宦官赵高，任由赵高专权，使统治腐朽，朝政混乱，人民苦不堪言。秦朝统治者的暴虐昏聩最终激起了人民的反抗。秦二世元年（公元前209年），中国历史上第一次农民大起义——陈胜吴广起义爆发了。虽然这次起义很快被镇压了下去，但它却动摇了秦朝的统治基础。从此以后，全国各地的起义风起云涌，秦政权在人民起义的历史浪潮中逐渐走向末路。

公元前207年，起义军首领刘邦率军攻至咸阳附近，秦王子婴（秦二世已被赵高杀死，子婴是赵高所立，后称秦王）投降，秦王朝至此灭亡。

历史大视野

秦时，位于北方的匈奴时常侵犯中原。公元前214年，秦将蒙恬率三十万大军征伐匈奴，收复了河套南北的广大地区。为了巩固这一地区的统治，秦将原秦、赵、燕旧时的长城，随地形修筑连接，建成了西起临洮、东至辽东的万里长城。万里长城对于抵御北方少数民族的骚扰，保障内地人民的生产和生活，起到了重要作用。但是，秦修长城也耗费了大量的人力物力，极大地加深了秦朝的社会矛盾。

秦末乱世

秦二世元年（公元前209年）七月，陈胜和吴广在大泽乡（今安徽宿州市东南）发动了中国历史上第一次大规模农民起义。不久，起义军便占领陈县（今河南淮阳），陈胜自立为王，国号张楚，建立起农民政权。同年十二月，起义便被秦将章邯镇压了下去。陈胜、吴广起义最后虽然失败了，但却动摇了秦朝的统治，借此时机，被秦所灭的诸侯六国乘乱相继复国。其中，楚国遗臣项梁召集了八千子弟兵，起兵反秦。他们立原楚怀王之孙熊心为楚王，仍号怀王。在项梁的率领下，楚军数次大破秦军，声势颇为壮大。后来，项梁战死，其侄项羽在楚军中逐渐脱颖而出。公元前207年，项羽率楚军在巨鹿(今河北平乡)之战中破釜沉舟，与秦军决战，结果九战九胜，大破秦军主力。只此一役，便确立了项羽在反秦势力中的领袖地位。

就在项羽率楚军与秦军在巨鹿决战时，楚怀王派遣刘邦等人向西攻城略地，以入关中之地（今陕西秦岭北麓渭河冲积平原一带），并与众人约定，谁先入关中，就封谁为关中王。

刘邦原是秦沛县（今江苏沛县）亭长，陈胜、吴广起义后，他和好友萧何、曹参一起起兵反秦。后来，刘邦见楚军势大，就

率领人马投奔了楚军。

刘邦此次受命后，带兵一路向西，军队所到之处，势如破竹，秦军纷纷投降。公元前207年，刘邦先诸侯军进抵关中灞上（今陕西西安市东灞水上）。秦王子婴见大势已去，便出咸阳城投降。刘邦随后进入咸阳。为了取得民心，刘邦召集诸县父老约法三章：杀人者处死刑；伤人和盗窃按情节轻重治罪。此约法深得百姓拥护，百姓纷纷献出牛羊、粮食慰劳汉军。刘邦坚决推辞不肯接受，所以深得人心，为其后来统一天下打下了基础。

秦朝灭亡后，项羽也率领诸侯军进入关中。入关之后，他一改刘邦对秦民的安抚政策，大加屠戮抢劫。他先杀了秦降王子婴，又屠洗了整个咸阳城，火烧秦朝宫室，大火三月未灭。之后，项羽收秦宫之珍宝美女而东还，大失民心。屠洗咸阳之后，

项羽便自封为西楚霸王，定都彭城（今江苏徐州），并独自做主，分封了十八路诸侯。不过，项羽并未按楚怀王（此时，楚怀王已被项羽奉为义帝，后又被项羽秘密处死）之盟约封刘邦为关中王，仅封他为汉王，居于汉中（今陕西汉中）。

此次分封令刘邦大为不满。入驻汉中之后，刘邦便养精蓄锐，积极扩张势力，很快就转弱为强，开始与项羽进行长达四年的楚汉争霸。公元前205年，刘邦趁项羽出兵征伐其他诸侯国之机，自汉中再入关中，并挥师东进，以声讨项羽杀义帝之名，联合其他诸侯兵直捣项羽都城彭城。项羽闻讯大怒，领兵回师与之交战，双方在广武（今河南荥阳东北）对峙，长期相持不下。后来，刘邦采纳谋臣张良的建议，派人与项羽讲和，以荥阳东南的鸿沟为界限，鸿沟以东属楚，以西属汉。项羽正值军中缺粮，军力亟须调整，只好答应，此和议称为"鸿沟之约"。随后，项羽便引兵东归。实际上，以鸿沟为界，只是刘邦的缓兵之计。不到两个月，刘邦便违背约定，他约大将韩信、九江王英布（项羽分封的诸侯之一）等将追击

东归的项羽，将之合围于垓下（今安徽灵璧境内）。这时，项羽的兵力只有十万，而刘邦的兵力却有四十余万。大将韩信随即组织了多次进攻，几个回合下来，楚军大败，渐渐兵少粮尽。随后，韩信又命手下将士唱起楚地民歌，使楚军的斗志迅速瓦解。项羽自知不敌，便率军突围，逃至乌江，最后在乌江兵败自杀，楚汉争霸战以刘邦取得最后的胜利而告终。公元前202年，刘邦登上帝位，建立西汉王朝，秦末乱世终告结束。

历史大视野

刘邦消灭秦王朝之后，曾在灞上等待诸侯军的到来。就在这时，刘邦听说项羽已封秦降将章邯为雍王，担心自己不能成为关中王，于是闭关，拒绝项羽进入。这使项羽极为恼火，公元前206年十二月，项羽大兴军力，准备讨伐刘邦。由于当时刘邦实力尚弱，无奈之下，便请项羽季父项伯从中调解。项伯要求刘邦去向驻扎在鸿门（今陕西临潼东）的项羽道歉。刘邦依言而行，亲赴鸿门谢罪。此间，项羽的谋臣范增数次示意项羽杀掉刘邦，项羽犹豫不决。刘邦见势不妙，借如厕之机逃回军中，躲过一劫。这就是楚汉争霸中的著名历史事件——鸿门宴。

世界大帝国——西汉

国号	汉	**首任君主**	高帝（刘邦）
时间	前202—公元9	**灭亡君主**	孺子婴
都城	长安（今陕西西安市西北）		
性质	封建制		

公元前202年，在历经了长达四年的楚汉争霸战后，刘邦最终获胜称帝，他以"汉"为国号，定都长安，史称西汉。

西汉建立之初，国家由于战争的破坏，导致人口骤减、民生凋敝。为了恢复农业生产，稳定封建秩序，也为了吸取秦朝灭亡的教训，刘邦开始推行无为而治的休养生息政策，并陆续采取了一些有利于社会经济发展的措施，包括裁减军队、安抚流亡、放免奴婢、轻徭薄赋、务劝农桑、缓和民族矛盾等政策，为汉初经济的恢复打下了良好的基础。

刘邦之后，文帝和景帝继续推行休养生息的政策，崇尚节俭，轻徭役，提倡农耕，减轻刑罚，西汉的社会经济得到了充分的恢复和发展，国家强盛、人民富裕，形成了历史上有名的太平

盛世——"文景之治"。

在恢复经济生产的同时，西汉统治者还继承了秦朝的政治制度，在中央设立"三公九卿"；地方上，在实行郡县制的同时又实行分封制，共分封了十一个异姓诸侯王。后来，为防止诸侯王叛乱，刘邦将实力较强的一一消灭，随即大封刘氏子弟为王。

此举本为巩固大汉天下，不料却为后来的统治埋下了祸根——刘邦赋予了各同姓王很大的权力，他们可以自征租赋，自行纪年，甚至自铸货币，使整个王朝出现干弱枝强的危险局面。到景帝时期，同姓诸侯王势力变得越来越大，严重危及中央的统治。这时，景帝采纳御史大夫晁错提出的削藩建议，借故削夺藩王封地。

公元前154年，诸侯王中势力最大的吴王刘濞联合已被削夺了部分封地的楚、胶西、赵、济南、淄川、胶东六国诸侯王，以"诛晁错，清君侧"为由，联兵反叛，这就是"七国之乱"。

不久，七国之乱便被景帝镇压了下去，随后，景帝借机大削

诸王势力，剥夺诸侯王对王国的统治权。王国自此失去相对独立性，不过其权力仍旧很大。

公元前141年，景帝死，皇太子刘彻继位，这就是汉武帝。汉武帝是一位颇具雄才大略的帝王，他早就想彻底摆脱诸侯王对大汉统治的威胁。于是，刘彻上台不久便颁布推恩令，规定诸侯王除嫡长子继承王位外，还可以推恩将王国的土地分封给其他诸子建立侯国。如此一来，诸王子弟人人欣喜，而王国势力则渐渐削弱，困扰西汉近百年的方国祸患这才得以消除。

除此之外，汉武帝还在经济、军事、文化思想等方面一改前期清静无为的治国方针，励精图治，取得了赫赫文治武功。文化思想上，他废黜清静无为的黄老之学，采纳学者董仲舒"罢黜百家，独尊儒术"的建议，以儒家的思想作为统治阶级的正统思想，并把它推广为人们的行为和道德准则；经济上，他实行盐铁专营和均输平准等措施，打击富商大贾，增加了财政收入；军事上，他积极作战，反击匈奴、通西域，四处开疆扩土，使西汉进入了中国历史上最强盛的时期。

这时的西汉不但社会安定，经济发达，也迎来了中国历史上文化的一次大繁荣。汉武帝喜爱艺术，在他的推动下，汉朝音乐得以改革——大量用于各种庆典活动的百戏，由于吸纳了西域少数民族歌舞的精华，变得更加魅力四射。另外，汉武帝又设太学，还令郡国皆立学官，初步建立起从中央到地方的教育系统，促进了西汉教育事业的发展。同时，著名史学家司马迁编写的我国第一部纪传体

通史著作《史记》也成书于这个时期。

政治、经济、军事、文化等方面所产生的一系列辉煌成就，使西汉成为亚洲最富强最繁荣的多民族国家，也成为世界上赫赫有名的封建大帝国。

不过，汉武帝后期，由于连年穷兵黩武，社会矛盾开始尖锐，农民起义此起彼伏，造成了十分严重的社会及政治危机。

公元前89年，汉武帝颁布了"轮台罪己诏"，公开承认自己几十年用兵西域的罪过，表示要改变内外政策，与民休息，发展生产。

后来，汉昭帝和汉宣帝也相继推行与民休息的政策。这个时期社会矛盾稍有缓和，国力重振，号称"昭宣中兴"。但自汉元帝之后，土地兼并严重，农民与地主阶级的矛盾再度激化，西汉的衰亡趋势已不可遏制。

汉平帝元始元年（公元1年）正月，外戚王莽辅助年幼的皇帝登基治政，他通过耍弄权术，逐渐独揽大权。

元始五年（公元5年）十二月，王莽毒死十四岁的平帝，另立两岁的孺子刘婴为傀儡皇帝，自称"摄皇帝"。

公元9年，王莽又废孺子婴，自立为皇帝，取代汉室，改国号为"新"，西汉至此灭亡。

西汉的民族和对外关系

西汉疆域广阔，其东南至海，东北至玄菟（今辽宁东部及朝鲜咸镜道一带）、乐浪（今辽宁及朝鲜半岛北部），西至乌孙（今新疆伊犁河流域及今吉尔吉斯斯坦伊塞克湖一带）、大宛（今乌兹别克斯坦费尔干纳盆地）、葱岭（俄罗斯巴尔喀什湖、费尔干纳盆地及帕米尔高原西部），西南至益州、交趾（今云南、广西及越南北、中部），北至大漠（今内蒙古中北部），且四方边疆少数民族众多，颇难管理。为维护边疆地区的统治，稳定封建秩序，西汉统治者因地制宜，针对不同的边疆问题，采取不同的应对措拖。

在南疆，南疆地区的南越之地在秦朝时本属秦的郡县，秦朝覆灭之后，南越自立。西汉建立后，南越王向汉称臣，由于南越王将南越地区治理得井井有条，西汉政府便对其采取了"越人治越"的政策，保证了南越地区的长期稳定。

西南疆地区的少数民族众多，西汉统治者采取疏通其与西南巴蜀的交通，然后贿赂劝降其部族首领的办法，使西南归中央政权管辖。

对于东疆地区，西汉统治者采取的是征讨的方针。东疆的

东越之地就是现在的闽越地区，其首领曾被汉高祖刘邦封为闽越王。后来，闽越王起兵反汉，被汉武帝派兵镇压了下去，最终使东越全地置于汉朝直接统治之下。

　　而北疆地区，控制蒙古草原地区的匈奴人持续侵扰汉境，是困扰西汉统治者的最主要的边疆问题。公元前209年，匈奴首领冒顿单于统一了草原，建立起强大的国家。西汉初年，匈奴趁汉朝政权未稳，大举进犯中原。为了回击匈奴的侵扰，汉高祖七年（公元前200年），刘邦亲率三十万大军北讨，却在平城（今山西大同市东北）白登山被匈奴围困达七日之久，数次突围不成。丞相陈平献计用重金贿赂匈奴单于的阏氏，才得以解脱。史称"白登之围"。解围之后，刘邦知道消灭匈奴的时机未到，便采用大臣娄敬的建议，对匈奴实行和亲政策，此政策一直延续到文帝、景帝时期。可是，西汉虽然与匈奴和亲，仍不时遭其骚扰。

汉武帝即位后，国家已经积聚了大量的粮食和钱财，战马增多，战士有了较好的训练，反击匈奴的时机已到。公元前127年，匈奴再次扰汉，汉武帝便派大将卫青出兵云中郡（治今内蒙古托克托东北），在河套大败匈奴军，随后在其地设置朔方（治今内蒙古乌拉特前旗南）和五原（治今内蒙古包头西北）两郡，并募民十万迁居于此屯田戍边。从此，西汉正式拉开了对匈奴大规模的反击战争的序幕。

公元前119年，汉武帝征发公私马十四万匹，步兵及转运辎重者数十万人，命大将卫青、霍去病各率五万骑兵，分东西两路出击匈奴。卫青率领军队北进千余里，与匈奴单于主力激战，汉军大胜，匈奴单于只带领几百人突出重围逃走。霍去病则深入匈奴西部，击败左贤王军队，俘获七万余人。这次战役，匈奴遭到了沉重的打击，从此失去了大举南犯的实力，开始逐步西迁。汉武帝之后，在西汉统治者征战与和亲的交替作用下，匈奴最终解

体，大部分归入汉朝，成为中国多民族大家庭中的一员。

在解决匈奴问题的同时，汉武帝又于公元前125年和公元前119年两派张骞出使西域，结交大宛、康居、月氏、大夏等国。张骞出使西域加强了中原与边疆地区的联系，"丝绸之路"也由此得以开通。通过这条道路，中国的丝织品、铁器等传入中亚、西亚各国，往西传至更远的罗马等地。同时，中亚、西亚等地的特产，如毛毡、汗血马、石榴、葡萄、苜蓿、芝麻以及胡桃也传到了中国，甚至连琵琶、胡角、胡笛等乐器也传了进来。这种中西方经济文化的交流和沟通，是西汉帝国对外交往的一大特色，促进了社会的发展，也为后来大唐帝国的繁荣外交局面打下了坚实的基础。

历史大视野

张骞通西域后，开辟出了从汉朝都城长安经甘肃凉州武威抵达对外通商的西陲城市敦煌，从敦煌出发通往欧亚各国的两条商路，即北道和南道。北道和南道都地处高山、沙漠和高原地带。这两条横贯亚洲的中西陆路交通线主要是因运销中国的丝织品而闻名于世界，因此被中外历史学家誉为"丝绸之路"。丝绸之路把欧亚大陆的几个国家和地区（即中国、安息、罗马和马其顿等）联系起来，在古代中西内陆贸易活动中占有很重要的地位。

豪强政权——东汉

国号	汉	**首任君主**	光武帝（刘秀）
时间	25—220	**灭亡君主**	献帝（刘协）
都城	洛阳		
性质	封建制		

公元9年，王莽建立新朝。当时，土地兼并加剧，阶级矛盾激化。为解决严重的社会危机，王莽宣布进行王田私属制、改革币制等多方面的改革。不过，改革多逆历史潮流而行，结果使社会矛盾变得更加激化，最终引发了大规模的绿林、赤眉起义。不久，王莽政权便被农民起义军推翻。

王莽的新朝覆灭之后，曾经加入绿林军的西汉皇室后裔刘秀趁机占据河北。他打起恢复汉朝制度的旗帜，取得河北一带官僚、地主的支持。接着，刘秀镇压和收编了河北当地的各支起义军，很快壮大了势力。

公元25年六月，刘秀见时机成熟，便在河北称帝，建元建武，大赦天下。十月，刘秀迁都洛阳，重建汉朝，史称东汉，刘

秀即为光武帝。

　　东汉建立之后，刘秀采取了一系列措施，使得东汉前期的专制主义制度得到进一步加强。他深刻吸取西汉灭亡的教训，竭力加强皇帝的权力，避免大臣专权。他以保全功臣的爵禄为名，让开国功臣以列侯的资格享受优厚的待遇，却不让他们参与政治。为加强中央对军队和地方的直接控制，光武帝还大力削弱地方兵权。这一系列措施使封建专制主义中央集权制度发展到了一个新的阶段。

　　在加强中央集权的同时，光武帝还着手恢复生产和发展社会经济。他废除了王莽时期的苛捐杂税，几次发布释放奴婢、禁止虐杀奴婢的诏令，同时实施度田，发展生产。光武帝还提倡节俭，注意整顿吏治，惩处贪官污吏。这些措施对恢复发展农业生产和缓和阶级矛盾有一定的作用。在刘秀统治的十几年内，全国

出现了较为安定兴盛的局面，东汉政权也得以稳固，历史上将这段时期称为"光武中兴"。

繁荣稳定的社会政治经济局面为东汉时期科技文化的发展打下了良好的基础，从而产生了中国历史上令人瞩目的辉煌成就：《九章算术》在此时成功编订，标志着中国古代数学的完整体系已经形成；蔡伦经过多年刻苦钻研，改进了中国古代最伟大的发明之———造纸术；张衡发明了古代科技史上最先进的天文和地震观测设备——浑天仪、地动仪；张仲景撰写了流芳百世的《伤寒杂病论》，这些都代表了东汉科学技术的最高水平。而王充的《论衡》则丰富发展了古代唯物主义，班固所著的《汉书》又开创了一种全新的史学体例——纪传体断代史。

不过，东汉社会经济和文化繁荣发展的背后，却潜藏着深层的政治危机。东汉政权是依靠豪族地主建立起来的。刘秀本人就是豪族地主，因此，东汉政权就必然代表豪族地主阶级，并从各方面满足他们的利益。正是在东汉封建政权的庇护和支持下，豪族地主的势力迅速膨胀起来，他们把持着从中央到地方的政权，累世尊贵显达，形成了巨大的政治势力，而且在经济上也有很大的实力，为东汉末年割据局面的形成埋下了伏笔。除了豪强地主，到东汉中期以后，外戚和宦官势力也逐渐强大了起来，他们相继干预把控朝政，二者之间为争权夺利，展开了激烈的斗争。不管是外戚干政，还是宦官专权，他们在得势时，都大肆培养党羽，鱼肉人民，政治黑暗到了极点。

等到东汉末年，桓帝和灵帝统治时期，统治集团更为腐朽，灵帝宠信宦官，政权由十常侍把持，他们甚至公开卖官鬻爵，以满足其挥霍无度的需要。而此时天灾频繁，赋税繁重，农民忍无可忍，终于于公元184年，爆发了大规模的黄巾起义。这次起义后来虽被镇压了下去，但腐朽的东汉王朝也已名存实亡。

在镇压农民起义的过程中，中央孱弱无力，只能依靠盘踞在各地的豪强地主，这些封建势力纷纷壮大。后来，盘踞在北方的曹操、西南的刘备和东南的孙权等形成了相对独立的地方势力，他们之间互相攻伐，封建割据局面开始形成。公元220年，曹操之子曹丕首先称帝，建立魏国，将汉朝的最后一个皇帝——献帝刘协贬为山阳公，东汉至此灭亡。

历史大视野

汉灵帝时期，政权由张让、赵忠、夏恽、郭胜、孙璋、毕岚、栗嵩、段珪、高望、张恭、韩悝、宋典等十二个宦官把持，他们都任职中常侍，人称"十常侍"。灵帝对他们十分宠信，甚至称"张常侍（张让）是我父，赵常侍（赵忠）是我母"。这些宦官恃宠生骄，整日横征暴敛，卖官鬻爵，他们的父兄子弟遍布天下，横行乡里，祸害百姓，无官敢管。十二个常侍的倒行逆施，加重了东汉王朝的统治危机，东汉王朝从此日趋衰亡。

东汉的边疆外交政策

东汉时期，抗击匈奴、沟通西域是东汉朝廷亟须解决的边疆问题。早在东汉初年，匈奴贵族便经常对东汉北部边境进行侵扰。当时，匈奴已分裂成南匈奴和北匈奴，南匈奴已归属汉朝，助汉守边；北匈奴则控制西域诸国，向他们征收很重的贡税，并且隔断了西域和汉朝的交通。西域各国深受其压迫，纷纷请求东汉政府派兵驱逐匈奴。

公元73年，汉明帝派大将窦固等率军出击北匈奴。窦固在天山击败北匈奴的呼衍王，将其追至蒲类海（今新疆巴里坤湖），占领伊吾（今新疆哈密西），并在那里设置"宜禾都尉"，留吏士屯田，由此打开了通往西域的大门。

窦固大败北匈奴之后，东汉政府立即派遣假司马班超出使西域。班超曾跟随窦固征讨北匈奴，他作战勇猛，因带兵出击伊吾等地，最终胜利回师而深受窦固赏识。因此，窦固便举荐班超担起出使西域的重任。

公元73年，班超率部正式出使西域，他首先到达鄯善(今新疆若羌县)。鄯善王开始很热情，后来态度突然冷淡。班超了解到这是因为北匈奴使者带兵来到了鄯善，遂下定"不入虎穴，焉得

虎子"的决心，连夜袭杀北匈奴使者，迫使鄯善与匈奴断绝了关系，从此与汉朝交好，东汉与西域的交通也正式恢复。在班超的努力下，后来西域的许多国家都与东汉建立了友好关系。

这时，西域强国大月氏与东汉的关系却恶化了起来。公元90年，月氏突然派兵七万进攻疏勒（今新疆喀什），守于此地的班超率军回击，最终以少胜多，击退大月氏。不久，西域五十余国全部内属东汉。

就在窦固大败北匈奴之后，北匈奴一度派人至汉要求"和亲"，但之后不久又开始侵扰东汉边郡。公元89年，汉和帝派大将窦宪带兵，与南匈奴及其他部落联合，出塞北征，大破北匈奴，北单于逃走，其众二十余万人先后归降。此后，北匈奴大部都离开了漠北故地。

一部分向西迁移到欧洲，另一部分后来与进入匈奴故地的鲜卑人互相融合。北匈奴的威胁由此解

除。西域和匈奴的边疆问题至此得到了较为彻底的解决。

　　除了边疆问题，东汉时期的外交活动也得到了新的发展。张骞通西域之后，大秦（中国古代对罗马帝国的称呼）开始与汉朝发生间接联系。公元97年，班超派甘英出使大秦。甘英率领使团一行从龟兹（今新疆库车）出发，经条支（今伊拉克境内）、安息（即波斯帕提亚王国，今伊朗境内）诸国，到达了安息西界的西海（今波斯湾）沿岸。在那里，甘英因误信海域广阔、风大浪急、多有死亡者的传言，没有渡海前往大秦，但也因此熟悉了沿途的地理情况和风俗习惯，加深并促进了东西方之间的了解与交往，为以后中西交通的发展和经济文化的交流创造了有利条件。甘英出使罗马虽未成功，但中国使者的到来，引起了红海彼岸的两个小国与中国缔结盟约的愿望。公元100年，他们派使者出访

汉朝，到达东汉都城洛阳后，向汉和帝送上礼物。汉和帝厚待了使者，赐给两国国王代表最高荣誉的紫绶金印，表示了邦交上的极大诚意。此举激励并感动了罗马政府，公元166年，罗马安敦尼王朝正式派使者出访中国，中国、罗马直接通使往来，两大国正式建交。

此外，东汉与位于日本列岛的倭奴国（今日本九州岛博多湾沿海一带）的关系也取得了一定进展。早在西汉时期，生活在日本列岛的倭人便与汉辽东诸郡发生交往。东汉时，汉倭交往趋于密切。公元57年，倭奴国来汉贡奉朝贺，光武帝赠以蛇钮方寸的"汉委奴国王"金印。从此，倭人诸小国不时遣使来汉朝贡。1784年，光武帝所赐金印在日本九州志贺岛被发现，成为中日友好的历史见证。

历史大视野

北匈奴被灭后，与匈奴颇有渊源的鲜卑逐渐成为东汉中后期的主要边患。鲜卑兴起于西汉，初属东胡，后北匈奴西迁时，鲜卑乘机徙据其地，匈奴约十余万余众皆自称"鲜卑"，鲜卑由此渐渐兴盛，逐步成为东汉北部边境的主要威胁。东汉政府与之数度交战，都不能征服。到东汉末三国初，鲜卑统一了北方大部地区，成为中原地区的北方边患。

东汉末世之乱

公元184年，黄巾起义爆发，引燃了东汉末世之乱的导火索。在镇压黄巾军的过程中，各地州郡官吏和地方豪强地主都趁机发展自己的势力。他们拥有各自的武装，逐渐发展为半割据的军阀势力，其中凉州军阀董卓因镇压黄巾军有功，被封为破虏将军，势力最为强大。

这时，东汉统治集团内外戚和宦官的争斗正趋于白热化。公元189年，汉灵帝死，年仅十四岁的少帝刘辩登基，身为外戚的大将军何进执掌了朝政。何进欲借助地方势力诛灭宦官，遂召董卓带兵进京。同年八月，董卓之军未至洛阳，而何进已因事情泄露反被宦官杀死，皇宫大乱。司隶校尉袁绍又趁机起兵，诛杀宦官两千多人。宦官张让劫持汉少帝和陈留王刘协外逃。董卓在洛阳城外见皇宫火起，急忙带兵征进，路遇少帝，遂保护少帝还都。经此变乱，外戚与宦官势力皆被削弱。

董卓进了洛阳后，兼并何进的部下，并合并其部众，很快控制了京师军权。董卓迎少帝时，少帝见董卓兵将而恐惧，涕泪交流，不能言语，而陈留王刘协则镇静自若。董卓见了，遂产生废立之心。于是，董卓召集百官，胁迫何太后废少帝为弘农王，改

立陈留王，是为献帝。何太后哽咽流泪，众臣亦心怀悲切，但无人敢言。董卓升为太尉，掌管朝廷军事。接着，董卓又将何太后迁到永安宫，后用毒酒将其毒死。他自称相国，带剑上殿，入朝不跪，俨然君王，至此，东汉政权完全落入董卓之手。

董卓专权后，无恶不作，他放纵士兵抢劫，奸淫宫人，又滥施刑罚，变相掠夺百姓财富，致使天下大乱。公元190年，袁绍联合十几个州郡的兵马讨伐董卓。董卓挟持献帝逃往长安，并强迫洛阳数百万民众随行，又在临走前下令将洛阳城付之一炬。

司徒王允等大臣对董卓的倒行逆施恨之入骨，遂定下连环计，借董卓义子吕布之手除掉了董卓。董卓被除的消息传出后，长安百姓皆夹

道相庆。然而董卓死后，中原又陷入军阀混战之中。董卓的部将李傕、郭汜等人掌握了兵权，随即发生内讧，互相攻伐，其间司徒王允被杀，吕布战败逃走。公元195年至公元196年，汉献帝在大臣董承等人的拥护下逃出长安，来到洛阳。此时的洛阳残破不堪，宫室被焚，粮食匮乏，献帝在洛阳流落无助。

在献帝迁徙途中，曾有人建议袁绍将献帝迎到自己的辖地，袁绍怕受牵绊，未允。而另一军阀豪强曹操手下的谋士毛玠亦建议曹操侍奉天子以号令诸侯，曹操表示赞同。当时，曹操刚攻占兖州（今山东省兖州市），后攻下许县（今河南许昌），遂定下迎献帝到许县的策略。

公元196年，曹操先派部下中郎将曹洪为先遣部队到达洛阳。后他又亲自赶到洛阳，控制了汉献帝，然后以侍奉天子、供给粮食为由，请献帝迁到了许县。此后，许县成为东汉临时的都

城，因此改称许都。

曹操在许都建立了宫殿，拥立献帝上朝，实际却把大权独揽在手，献帝成为他的傀儡。曹操因"挟天子而令诸侯"，从此在政治地位上高出其他割据者，具有极大优势，这是他后来能够统一北方的重要原因。

此时，除了曹操，当时还有占据江东的孙策、孙权兄弟，盘踞北方的袁绍，荆州牧刘表，后起之秀刘备等实力强劲的割据势力，各势力彼此互相交战，令百姓苦不堪言，也把名存实亡的东汉王朝拖入了战乱的泥淖。公元220年，曹操之子曹丕废汉称帝，建立魏国，东汉正式宣告结束，中国历史从此进入了一个大分裂时代，也就是史学家所说的三国两晋南北朝时期。

历史大视野

东汉末年，在镇压黄巾农民大起义的过程中，各地地主武装乘机扩大自己的势力，强占地盘，从而形成众多割据势力，主要有占据辽东的公孙度，占据冀州、青州和并州的袁绍，占据兖州的曹操，先后占据幽州的刘虞、公孙瓒，占据江东的孙策、孙权，先占据南阳、后占据扬州一部分的袁术，占据荆州的刘表，占据益州的刘璋，占据汉中的张鲁，占据凉州的马腾、韩遂，先后占据徐州的陶谦、刘备、吕布，等等。

三国鼎立之魏国

国号	魏	**首任君主**	文帝（曹丕）
时间	220—265	**灭亡君主**	元帝（曹奂）
都城	洛阳		
性质	封建制		

魏国，是东汉结束之后，与蜀汉、吴国鼎足而立的三国之一，占据了当时中国北方的大部江山。魏国的建立者曹丕，是东汉末年"乱世奸雄"曹操之子，魏国的大片江山，就是由曹操一手创建的。

曹操，字孟德，沛国谯（今安徽亳州）人。其父曹嵩，曾为太尉。曹操二十多岁入仕，历任洛阳北部尉、典军校尉、东郡太守等职，被当时的名士许劭评价为"治世之能臣，乱世之奸雄"。

公元190年，袁绍曾联合各路军阀讨伐董卓，曹操也在陈留（今河南陈留）纠合宗族、宾客等人建立一支武装队伍，高举讨伐董卓的大旗。后来，曹操又在兖州打败黄巾军，占据兖州，队伍发展到数十万人，并迅速巩固了他在兖州的统治地位。

公元196年，曹操占领了许县，把汉献帝迎接到许县，迁都于此，从此"挟天子而令诸侯"，取得政治上的优势。之后，他又通过实行屯田制、兴建水利、废除苛捐杂税等措施，促进了农业生产的恢复和发展，因此实力大增，逐渐雄踞北方，成为与北方最大割据势力——袁绍军事集团并立的另一势力集团。这时，两大军事集团的决战在所难免。

公元200年，袁绍率十万大军讨伐曹操。曹军在官渡（今河南中牟东北）迎战。当时袁兵约十万，曹操只有三四万人，但袁兵虽多而战斗力弱，曹兵虽少而战斗力强。战斗中，曹操采用声东击西之计，最终以弱胜强，一举消灭了袁绍的主力，成为北方最强大的军事势力。

官渡战役之后，曹操进军河北。公元204年，曹操攻占袁绍

的统治中心邺（今河北临漳），占据其青、冀、并等地。公元207年，曹操北出卢龙塞（今河北喜峰口），大败乌桓（北方的少数民族），安定了北方边境，完成了统一北方的大业。

曹操统一北方后，立即向南用兵，意图一举统一中国。公元208年，曹操亲率大军二十万南征，夺取刘表占据的荆州，之后，矛头直指江东孙权和西南刘备的割据势力。刘备派谋臣诸葛亮游说孙权，孙权最终同意双方联合起来共同抗曹。十一月，孙刘联军与曹军在赤壁（今湖北嘉鱼东北）相遇，孙刘联军使用火攻，大败曹军。赤壁之战使孙权的江东政权更为稳固，刘备则占据了荆州一部分地区，并继而取得益州，曹操败回北方，三国分立格局初步形成。

经此一役，曹操无力南下，便转而西向，平定了关中地区。

公元216年，曹操称魏王，虽然他并未称帝，但却为曹丕代汉称帝创造了充分的条件。公元220年，曹操病死，其子曹丕逼献帝禅让，改国号魏，定都洛阳，揭开了三国鼎足而立局面的序幕。曹丕称帝后，为促进经济发展，继续推广屯田制，还在政治上实行九品中正制的选士制度，也就是由中正官负责调查士人

的家世、德才，作为吏部选用官吏的依据，由此选出了一些有才能的人。在一系列政治、经济措施的推动下，魏国变得越来越强大，逐渐成为三国中实力最强的国家。

曹丕死后，明帝曹叡即位。这时，蜀汉刘备已死，丞相诸葛亮大兴北伐之师，曹叡便任用舞阳侯司马懿镇守关中，抵御诸葛亮的北伐，结果司马懿以"不战而屈人之兵"的策略，连连击败蜀汉的北伐之军。接着曹叡又派司马懿征伐辽东，最终将辽东广大土地收归曹魏版图。曹魏的统治虽然通过一系列军事征伐得到了巩固，但也使司马懿逐渐获取了强大的军事和政治实力，曹魏统治集团内部开始上演曹氏与司马氏的夺权之争。

公元239年，明帝曹叡病故，八岁的齐王曹芳继位，大将军曹爽和司马懿受遗诏辅政。曹爽认为司马懿权势过重，便采取多方措施削压其实权。

公元249年，魏帝曹芳出谒明帝陵高平（今河南洛阳南部），曹爽随从出城。司马懿趁机发动"高平陵之变"，控制洛阳，并禁闭曹爽。从此，曹魏大权尽落司马氏之手。后来，司马懿的儿子司马师、司马昭相继专政。公元254年，司马师废魏帝曹芳，另立曹髦；公元260年，司马昭又杀魏帝曹髦，立曹奂为帝。这时，司马氏集团已彻底控制了曹氏集团的政权。公元265年，司马昭之子司马炎废掉曹奂，自立为帝，改国号晋，这就是西晋。

三国鼎立之蜀汉

国号	汉	首任君主	昭烈帝（刘备）
时间	221—263	灭亡君主	后主（刘禅）
都城	成都		
性质	封建制		

继曹丕于公元220年建魏称帝之后，公元221年，刘备在成都称帝，国号汉，历史上又称为蜀汉。蜀汉政权的第一个皇帝——刘备，是涿郡（今河北涿州）人，为东汉远支皇亲。东汉末年，刘备亦起兵参与镇压黄巾军起义，逐渐建立了一支小小的军事武装。不过，在军阀混战中，刘备却无立足之地，四处奔波，寄人篱下，先后依附过公孙瓒、陶谦、曹操、袁绍、刘表等人。

公元200年，官渡之战前夕，刘备曾投奔荆州牧刘表。刘表为汉家皇室一族，待刘备甚厚，但并不重用刘备。他指派刘备屯扎新野（今属河南）一带，后刘备又进驻樊城（今湖北襄阳市北）。此时，刘备兵不过数千，大将只有关羽、张飞、赵云等数员，实力十分单薄。为发展势力，刘备积极寻找能助他建功立业

的股肱之臣。后来，他听闻有"卧龙"之称的济世之才诸葛亮隐居于隆中（今湖北襄阳西）卧龙岗，便三顾茅庐，恳请诸葛亮出山相助。诸葛亮最终应允。在诸葛亮的辅佐下，刘备采用联吴抗曹的方针，于公元208年与吴国联手在赤壁之战中大败曹操，并占领部分荆州和益州地区，实力迅速增强，成为当时较为强大的割据势力之一。赤壁之战后，刘备占领了湖北、湖南的大部分，又向西南发展，占取四川、云贵地区，势力逐渐发展至鼎盛。公元219年，继曹操称魏王之后，刘备步其后尘，自称汉中王。公元221年，刘备又继曹丕之后称帝。

就在刘备称王称帝的过程中，一次重大的军事失利抑制了蜀汉政权的发展。公元219年，孙权趁荆州守将关羽出兵北伐曹魏之际，派大将吕蒙偷袭并夺取荆州，这使关羽腹背受敌，最后被吕蒙擒杀。关羽死后，蜀将张飞报仇心切，饮酒过度，鞭笞士卒，又为士卒所杀。关羽和张飞都是刘备的股肱之臣，痛失二

将之后，刘备不顾诸臣劝阻，一意讨伐吴国。公元222年，刘备亲率蜀军伐吴，攻入吴境五六百里，直达夷陵（今湖北宜昌东南）。吴军则在统帅陆逊的领导下，利用火攻，大破蜀军四十余营。蜀军伤亡惨重，大败而逃。蜀国自此开始衰落，再无力进攻吴国。夷陵之战后的第二年，刘备便忧愤而死。

刘备死后，后主刘禅即位，诸葛亮以丞相之职尽心辅政。诸葛亮以严治蜀，奖罚分明。他采用任人唯贤的用人制度，对少数民族也采取安抚的政策。在诸葛亮的治理下，蜀地社会逐渐安定，生产加速发展，人民安居乐业，国势渐渐强大。这时，北伐统一中国的计划便提上了日程。公元227年至公元234年间，诸葛亮举全国之力，五次出兵北伐曹魏。不过，北伐路途遥远，而且魏将司马懿一直采用坚壁据守的策略，使诸葛亮的北伐战争陷于被动，几乎每次都因粮草用尽而退兵。在第五次北伐时，诸葛

亮因积劳成疾，病逝于军中。诸葛亮的北伐虽是统一之举，具有一定的积极意义，但由于连年北伐，劳民伤财，使得蜀汉的国势变得越来越衰弱。诸葛亮死后，后主刘禅昏庸无能，宦官黄皓专权用事，国力更加颓败。而这时，魏国已经开始了统一全国的步伐。公元263年，在魏专权的晋王司马昭派军伐蜀。魏将邓艾率精兵绕过重兵把守的剑阁（今属四川），由阴平（今甘肃文县西北）乘虚而入，直逼成都。刘禅得知凶信，慌乱不知所措，群臣或主张投奔东吴，或主张退居南中，光禄大夫谯周则建议降魏。最后，刘禅采纳谯周之议，投降邓艾，蜀汉政权灭亡。

历史大视野

诸葛亮北伐之前，分布于南中地区（相当于今云南、贵州和四川省大渡河以南的地区）的少数民族部落发生叛乱。公元225年，诸葛亮兵分三路进军南中，采取"心战为上，兵战为下"的方针，结果逢战必胜。五月，蜀军进入云南境内追击颇有威望的少数民族首领孟获。最后，诸葛亮生擒孟获，孟获不服，诸葛亮于是放还，前后七纵七擒。第七次放还时，孟获终于臣服。平定南中战争的最终胜利，为诸葛亮出师北伐创造了条件。

三国鼎立之吴国

国号	吴	首任君主	大帝（孙权）
时间	222—280	灭亡君主	乌程侯（孙皓）
都城	建业（今江苏南京）等		
性质	封建制		

公元222年，孙权正式建国，国号吴，定都建业，史称东吴。至此，魏、蜀汉、东吴三国鼎立的局面正式形成。

吴国的兴起可以追溯到东汉末年。当时，军阀混战，占据江东的孙策、孙权兄弟的势力也随之逐渐强大起来。孙策的父亲是长沙太守孙坚，原为袁术部下。孙坚死后，孙策带兵投靠了袁术。后来，孙策向袁术借了三千人马，助其舅父夺回被扬州刺史刘繇夺走的江东丹阳（今安徽宣城），结果不但夺回丹阳，还乘机攻下吴郡和会稽郡。从此，孙策的势力强大起来。公元199年，江东六郡的大片土地皆归孙策所有。正当孙策要大展宏图之时，却不幸遇刺。孙策临终之前将大权交与弟弟孙权，并让部下张昭、周瑜等人加以辅佐。孙策虽死，但却建立了一支强大的

队伍，为孙权在江南立国打下良好的基础。

孙权继任时，年仅十九岁，他重用张昭、周瑜、鲁肃、黄盖等文臣武将，继续平定周边势力，逐渐稳定了整个江东的局面。公元208年，孙权和刘备联合，在赤壁之战中大败曹军，成功保卫了东吴基业。公元219年，镇守荆州的蜀将关羽与曹军在樊城、襄阳等地交战，孙权趁机派吕蒙夺取荆州，从此，东吴的势力范围扩展到了长江中游地区。接着，孙权在夷陵大败前来讨伐的刘备，限制了蜀国出三峡发展的可能。这时，东吴的发展进入了一个全新的局面，但其与雄踞北方的曹魏政权相比，实力仍显薄弱，若魏军大举南下，东吴政权无法与之单独抗衡，联蜀抗魏成为当时比较适宜的外交策略。而此时，一意寻求报复的刘备已死，蜀汉诸葛亮也力主稳定吴蜀关系，以实施自己北伐政策。于是，在诸葛亮的积极推动下，蜀吴重新结成联盟，东吴与蜀汉的矛盾暂时缓和了。

这时，东吴政权开始专心解决内部问题，那就是对付山越

人。山越人是分布在今安徽、江苏、浙江、江西、福建等省的山岭地区的土著居民，后被汉化，形成许多割据王国，成为东吴政权稳定的一大隐患。为了稳定政治局面，同时也为了扩充兵源，与魏、蜀抗衡，孙权对山越地区进行了长期的征伐。经过长达近四十年的努力，最终，山越人被驱逐出山林，出山定居。东吴驱逐山越人的做法虽然增加了山越人民的痛苦，但却促进了这一地区的经济发展和民族融合，东吴政权也变得更加稳固，从此进入了较为鼎盛的时期。

不过，孙权一生建功立业，晚年却变得性情多疑，对下属百般猜忌，使上下离心，导致统治阶级内部矛盾重重，东吴开始逐渐由盛转衰。孙权死后，又历两帝，到公元264年孙皓即位时，国势已衰弱不堪。彼时，蜀汉已被魏国消灭，曹魏从此占据长江上游，对下游的东吴威胁很大。孙皓却毫不放在心上，仍旧骄奢无道，他设置许多酷刑，群臣稍有不从意者，便任意杀戮。

孙皓又大兴土木，剥削百姓，致使国内矛盾加剧，农民起义时有发生。公元265年，司马炎废掉曹奂，自立为帝，建立西晋，力主统一全国，位于江南一隅的东吴便成为其完成统一大业的主要障碍。公元279年，司马炎派三路大军，共计二十余万人大举伐吴，其中一路水军由益州刺史王濬率领，直扑吴都建业。东吴水军长期没有训练，看到晋军大军压境，皆惊惧不已，不战自降。公元280年，吴主孙皓见东吴大势已去，便向晋军投降。吴国至此灭亡，天下归于一统。

❤ 历史大视野 ❤

公元279年十一月，王濬的水军直扑建业。到了东吴秭归（今湖北秭归）时，他发现秭归太守在江下打了很多木桩和铁链，还在水面安上了铁锥，以使晋朝水军无法通过。王濬便命晋兵造了数十只木筏，木筏上有草人，披上铠甲，假装晋军。然后他派兵带领木筏随流而下。水下的铁锥碰到漂下的木筏，上面的尖头就扎在木筏底下，铁锥就被扫掉了。王濬又命人在木筏上架起一个个很大的火炬，在里面灌足了油，点上火，将木筏划到铁链处。时间一长，火炬便将那些铁链烧断了。就这样，王濬的水军破除了进军的障碍，灭了东吴。

昙花一现的王朝——西晋

国号	晋	首任君主	武帝（司马炎）
时间	265—317	灭亡君主	愍帝（司马邺）
都城	洛阳		
性质	封建制		

公元249年，高平陵之变后，司马氏尽掌曹魏大权。到魏元帝曹奂时，政权被牢牢控制在相国司马昭手中。公元263年，司马昭派兵南下伐蜀，刘禅投降。司马昭因功被封为晋王，开始积极准备当皇帝，其心之炽可谓"司马昭之心，路人皆知"。

公元265年，司马昭未及称帝便去世，其子司马炎即位为晋王。同年十二月，司马炎逼迫曹奂退位，自称皇帝，史称晋武帝，改国号为晋，建都洛阳，西晋建立。

西晋建立后，晋武帝积财整军，消灭了东吴，三国鼎立局面至此结束，西晋统一全国。西晋建国之后，晋武帝马上实行了一些促进经济发展的占田、课田等政策，其中占田制允许成年男子占田七十亩，成年女子占田三十亩，这对官僚、士族所占的土

地、人口规定了限额，对其兼并土地有一定的限制作用。同时，这一制度在西晋初年地广人稀的情况下，保证了农民能依法占有一定量的土地，同时缴纳固定的租税，从而调动起农民生产的积极性，使西晋初年的社会经济得到恢复和发展。短短三年间，国家增加了一百三十多万户，出现了一个短暂的安定局面，史称"太康之治"。另外，晋武帝还反思了曹魏灭亡的教训，认为曹魏是因皇室孤立而亡的，因此于公元265年，大封宗室二十七人为王，并允许诸王自选王国的长吏。而且，晋武帝又实行军镇制，由诸王坐镇重要州郡，掌握地方军政大权。这种分封制严重削弱了中央集权，诸王出则持节总管一方军权，入则掌握中央朝权，逐渐形成了与中央王朝相对抗的若干势力，为后来的"八王之乱"埋下祸根。

公元290年，晋武帝死，其子晋惠帝即位。惠帝愚鲁无能，野心勃勃的皇后贾南风杀死辅政大臣杨骏等人，掌握了政权。贾后专政引起了诸王的不满。

公元300年，在洛阳掌握禁军大权的赵王伦起兵捕杀了贾后

及其党羽，自立为皇帝。诸王不服，纷纷起兵反对，赵王伦兵败被杀。公元306年，政权落在东海王司马越手中，他毒死惠帝，另立惠帝之弟司马炽为帝，这就是晋怀帝，至此历时十六年的"八王之乱"（八王即汝南王司马亮、楚王司马玮、赵王司马伦、齐王司马冏、长沙王司马乂、成都王司马颖、河间王司马颙、东海王司马越）方告结束。

经历了"八王之乱"的打击，司马氏的统治已岌岌可危。而此时统治阶级却对内迁的少数民族进行残酷的奴役，使民族矛盾变得日益尖锐。

公元304年，匈奴贵族刘渊起兵，自称匈奴大单于，北方各族人民纷纷响应，不到二十天就聚众五万。随后，刘渊率军攻城略地，夺取了北方大片土地。

公元308年，刘渊称帝，定国号汉，建都平阳（今山西临汾西南）。

公元310年，刘渊死，其子刘和即位，不久刘聪弑主篡位。登基之后，刘聪迅速派兵攻占西晋帝都洛阳及重镇襄阳，并在苦县宁平城（今河南郸城东北）大败晋军，此役晋军死十余万人，主力丧失殆尽。同年六月，汉军攻陷洛阳，俘虏晋怀帝。公元313年，刘聪杀掉晋怀帝，西晋大臣遂立秦王司马邺为愍帝。公元316年，刘渊义子刘曜又率兵俘虏了愍帝。公元317年，晋愍帝被杀，西晋灭亡。

短暂的统一王朝——西晋共历四帝，存五十余年，有如昙花一现，在战乱与动荡中迅速灭亡了。

历史大视野

魏晋时期，北方汉族人口锐减，胡族大批内迁。内迁民族主要有匈奴、鲜卑、羯、氐、羌，史称"五胡"。西晋灭亡后，五胡贵族纷纷和刘渊一样，趁机建立政权。在此阶段，前后共出现十六个割据政权，即前凉、后凉、南凉、前赵、后赵、前秦、后秦等，史称"十六国"。十六国寿命都较短，政权更迭频繁，他们各自征战，致使民不聊生。直到北魏统一北方，才结束了这种混乱的局面。

世族把控的王朝——东晋

国号	晋	**首任君主**	元帝（司马睿）
时间	317—420	**灭亡君主**	恭帝（司马德文）
都城	建康（今江苏南京）		
性质	封建制		

西晋灭亡后，驻守建康的晋宗室司马睿在以王导、王敦为首的南迁士族和一部分南方士族的支持下，于公元317年在建康称帝，国号仍为晋，史称东晋。

司马睿是司马懿曾孙，十五岁时便袭封为琅琊王。司马睿虽为皇室宗亲，却无声望，因此初到建康时，并不被南方士族看重。当时，随司马睿南迁的士族官员王导颇有名望，王导见西晋已天下大乱，于是对司马睿倾心推奉。为帮助司马睿树立声望，王导邀在扬州做刺史的堂哥王敦一起帮司马睿赢得声誉。公元307年三月初三，按照当地的风俗，司马睿坐上华丽的轿子去江边"求福消灾"。队伍仪仗威严，王导、王敦和其他北方名士骑马跟随轿后，以炫耀司马睿的尊贵和威严。此举震慑了南方士族顾荣、贺循等人，他们经王导邀请，纷纷效命司马睿，倾心辅佐。这样一来，司马睿不但取得了北方世家大族的拥戴，也获得了南方名门士族的支持，终于在江南站稳了脚跟。

　　司马睿当上皇帝后，知道自己能够得到这个皇位，主要靠王导、王敦等士族势力的帮助，所以对他们特别尊重。他封王导为尚书，掌管朝内的大权；又让王敦总管军事，掌握军权。王家的子弟中，很多人都被封了重要官职，由此成为晋朝的"第一望族"。

　　没过多久，司马睿便感到王氏兄弟权势日重，自己的统治受到了严重威胁，于是想尽办法疏远王导，压制王敦，双方矛盾日深。公元321年，司马睿封亲信戴渊为征西将军，刘隗为镇北将军，借机压制王敦。公元322年，王敦以诛刘隗为名，发兵南下，刘隗、戴渊皆被杀死。这个结果令司马睿忧愤难当，最终抑郁而死。随后，司马睿的儿子司马绍即位，是为晋明帝。这时，王

敦病重，急欲篡位。公元324年，晋明帝派重兵攻打王敦，王敦大败，很快病死，乱事最终平定。不过，平定王敦之乱并没有解决东晋王朝根深蒂固的问题——东晋的朝政大权其实一直被士族大家把控，司马氏并无太多实权。因此，当晋明帝死后，国家大政马上便被握有重兵的护军将军庾亮揽在手中。庾亮死后，外戚桓温跟着逐渐控制了内外大权，后来，又有谢安执政，司马道子父子专权，再到后来桓玄起兵叛乱。这些都说明了偏安一隅的东晋政权的脆弱和动荡。

在士族大家交替掌权的过程中，一项重要的政治举措——北

伐多次实行。自从东晋政权建立之后，一些南迁的北方庶族迫切希望朝廷能够出兵北伐，收复失地，以重返家园。而留在北方的庶族百姓亦盼望王师北定，推翻胡族贵族的统治。公元313年，徐州刺史祖逖，公元354年、356年、369年，外戚桓温分别进行了北伐。这些北伐声势浩大，攻城略地，最终却都因东晋统治阶级内部矛盾的牵制等原因，以失败告终。在桓温北伐的十多年后，北方的前秦强大起来，前秦苻坚统一了北方，他急欲进攻东晋，统一全国。公元383年，苻坚以八十七万大军南下攻晋。东晋命刺史谢玄等率兵八万迎战。双方在淝水（今安徽寿县东南方）展开决战，最后晋军以少胜多大获全胜。这场胜利使东晋避免了一场大的混乱和破坏，而北方的前秦政权却因此元气大伤，南北长期对峙的局面因此确定下来。

淝水之战后，东晋统治集团内部的矛盾进一步深化。公元399年，桓温之子桓玄势力日盛，便想逼迫晋安帝退位。公元403年，桓玄自称大将军，并于十二月称帝，国号楚。次年，北府军大将刘裕等起兵讨伐桓玄，攻陷建康，桓玄被杀。桓玄之乱进一步削弱了东晋的统治。刘裕在平息桓玄之乱的过程中，逐渐掌握了东晋政权。公元419年，晋安帝驾崩，刘裕认为时机成熟，就派人劝说刚刚即位的晋恭帝让位。公元420年，刘裕即位做了皇帝，改国号为宋。这就是宋武帝。

小国并立的南北朝

公元420年至589年，中国南方地区相继出现了宋、齐、梁、陈四个定都建康的王朝，几乎同时，中国北方也出现了北魏、东魏、西魏、北齐、北周等几个与之并立的王朝，这就是历史上所说的南北朝时期。

公元420年，刘裕取代东晋，建立宋朝，这是南北朝时期位于南方的第一个王朝。刘宋政权建立之后，宋武帝刘裕和后来的宋文帝刘义隆便积极实行劝学、兴农、招贤等一系列措施，使百姓休养生息，社会生产得以发展，经济日趋繁荣。刘宋王朝经过文武二帝的休养生息，国力增强，北伐统一逐步提上日程。

公元430年，宋文帝派出近十万大军北伐北魏，结果惨败而归。公元450年，宋文帝再次进行北伐，北魏太武帝拓跋焘率兵南下反击，宋军再次大败。经此两役，刘宋国力大大削弱。后来，宋文帝为其子所杀，刘宋皇室内部的夺权斗争随后愈演愈烈，政权逐渐集中到中领军萧道成手中。公元479年，萧道成代宋自立，改国号为齐。

萧道成建齐后，深刻吸取宋亡的教训，主张俭约，减免百姓租税。次年，萧道成又下令清理户籍。早在东晋时期，户籍管

理便混乱不堪，享有特权的士族阶级、庶族阶层和农民、佃客、流民等因户籍等级而产生利益冲突，矛盾日深，造成了严重的社会问题。萧道成建齐后，采纳朝臣虞玩之的建议，进行校籍。但校籍工作弊端百出，贫苦人民常被诬陷为户籍诈伪而被剔除户籍，庶族地主的利益也被侵犯。不久，萧道成去世，随后，反对校籍的起义和叛乱便此起彼伏，王室内部的夺权斗争也随之愈演愈烈。公元502年，雍州刺史萧衍趁乱带兵进入建康，随后称帝（武帝），改国号为梁，南齐灭亡。

梁武帝时期在政治和经济上采取了一些积极措施，如多次减免租税，逃亡回乡者，允许恢复原有田宅等，南梁的政治经济一度得到稳定和发展。但梁武帝大力提倡佛教，兴建庙宇，国家不堪重负，使社会矛盾空前激化；另外梁朝赋税很重，人民受尽剥

削和压迫，被迫起来反抗，这一切最终动摇了梁的统治。

公元548年，大将侯景突然起兵叛乱，萧衍被软禁，最后被饿死。全国陷入混乱之中。公元552年，高要太守陈霸先在战乱中崛起，他带兵攻下建康，侯景于混乱中被部下杀死。叛乱虽然得到平息，但梁朝由此衰落，朝政大权被陈霸先掌握在手中。公元557年，陈霸先自立为帝，建立了陈朝。

陈朝是南朝最后一个王朝，虽然陈霸先即位以后采取了一些恢复经济、发展生产的措施，但始终无法改变长期战乱对社会经济造成的破坏性影响。等到陈后主陈叔宝即位后，荒淫奢靡，政治昏暗，民不聊生。

而此时，位于北方的北周王朝已经改天换地。公元581年，

北周宣帝的岳父、丞相杨坚夺取了政权，建立了隋朝。公元589年，隋王朝派兵南下，陈朝灭亡。

就在南朝四国兵戎征伐，政权频繁更迭之际，北方也经历了几个朝代的更替。

淝水之战后，前秦瓦解，鲜卑族人拓跋珪乘机于公元386年建立魏国，史称北魏。北魏随后迅速发展，到太武帝拓跋焘时，经过多年征战，北魏终于于公元439年统一了北方。公元471年，孝文帝拓跋宏即位。孝文帝在位之时，各民族杂居在一起，民族大融合是大势所趋，各种社会矛盾也纷纷出现。为了巩固自己的统治，拓跋宏于公元493年把国都从平城（今山西大同市）迁到洛阳，并实行了一系列汉化改革，解决了部分社会矛盾，使国力达到鼎盛。不过，北魏的强盛仅持续了几十年。等到北魏末期，统治者政治腐败，剥削加重，人民不堪重负，频频发动起义。与此同时，统治集团内部的夺权斗争也日渐激烈。

公元528年，北魏游击将军尔朱荣发动兵变，操纵了北魏的军政大权。不久，尔朱荣便被诛杀，北魏的军政大权又落在权臣宇文泰和高欢的手中。公元534年，孝武帝拓跋修投靠宇文泰。高欢见状，马上另立元善见为帝（孝静帝），史称东魏。公元535年，宇文泰杀孝武帝，另立元宝炬为帝（文帝），史称西魏。从此，北魏分裂为东、西两魏，分别由高欢和宇文泰执掌政权。从公元534年开始，北魏便正式灭亡了。

公元547年，高欢病死，他的儿子高洋趁机执掌了大权。公

元550年，高洋逼迫孝静帝禅位，自己当上了皇帝，即文宣帝，并改国号为齐，史称"北齐"。高洋称帝后勤于政事，任用贤能，以法驭下。在他的治理下，北齐政治较为清明，农民的负担大大减轻。为了防止北方少数民族的进攻，高洋还修筑长城，积甲练兵，加强战备，因此齐国慢慢强盛起来。可没过几年，高洋便认为自己功业无量，逐渐放纵起来，终日沉湎于酒色之中。腐化的生活缩短了高洋的寿命，公元559年，年仅三十一岁的高洋便暴死于晋阳（今山西太原）。

就在高洋建立北齐后不久，公元556年，宇文泰病死。第二年，宇文泰的儿子宇文觉废掉魏帝，自称"周天王"，定都长安，史称"北周"。公元560年，宇文邕即位，即周武帝。为加

强皇权，宇文邕在兵制、经济等多方面进行改革，又大力灭佛，北周势力日渐强大。公元575年，周武帝率军攻北齐，沉重地打击了北齐政权。公元577年，周武帝灭北齐，统一了中国北部。

北周统一北方后的第二年，即公元578年，武帝死，其子周宣帝继位。周宣帝在位两年便因荒淫而死。其子宇文阐继位，外戚杨坚以大丞相辅政，逐渐掌握了军政大权。

公元581年二月，杨坚迫宇文阐让位，自立为帝，建立隋朝。北周在北齐灭亡四年后，便重蹈灭亡的噩运。公元588年，隋军又大举南下伐陈，并于公元589年灭之，南北朝的混乱局面至此彻底结束，一个新的统一的王朝——隋朝正式建立。

历史大视野

北魏孝文帝改革是南北朝时期的重大历史事件，其内容主要包括：推行均田制；严惩腐败，实行官吏俸禄制；迁都洛阳，加强对黄河流域的控制；革除鲜卑旧俗，实行改官制，禁胡服，禁胡语，改鲜卑姓氏为汉族的单姓等一系列汉化改革。这次改革使北魏的政治、经济有了较大的发展，各民族交往频繁，加快了民族融合的步伐，使北魏迅速强大起来。

三国两晋南北朝的科技文化

三国两晋南北朝时期是我国历史上第二次大分裂时期，其混乱局面长达三百多年。这个时期战乱频仍，汉族和南北方各少数民族分别建立政权，军阀混战、征战不休。混乱的社会环境虽然给人民带来了深重的灾难，但在另一方面促进了民族融合，北方和南方的经济也在一定程度上得到了开发，促使我国的科技文化得到进一步发展，在不少领域取得了领先世界的成就。

首先是三国时期，这时的科技文化成就主要集中在曹魏，其在医学、数学、文学等领域均有所建树。著名医学家华佗发明了"麻沸散"，是世界上第一个应用全身麻醉的医生。他还能进行断肠洗涤，去除肠中疾病，后来还根据虎、鹿、熊、猿、鸟的动作发明了健身体操"五禽戏"，对中国医学的发展做出了不可磨灭的贡献。此外，魏晋时期的数学家刘徽也在数学领域取得了很大成就。他为中国古代数学著作《九章算术》作注，其创作的《九章算术注》也是世界上的科学名著，其中提出的理论与方法直接启发了南朝祖冲之对圆周率的推算。

除了科技上的成就，三国时期的诗歌也得到了很大的发展，较为有名的是三曹父子（曹操、曹丕、曹植）和"建安七子"

（孔融、王粲、刘桢、阮瑀、徐幹、陈琳、应场）。他们的文学
作品均以五言诗为主，诗歌在内容上深刻反映了时代的乱离，艺
术表现上悲凉慷慨、刚健有力，内容与形式达到了完美的结合，
被后人誉为"建安风骨"。

　　两晋时期的文化则继承了三国时期的成就，同时又在诗歌、
史学、书法、绘画等方面获得了新的发展。

　　两晋时期，最著名的诗人当属"田园诗人"陶渊明。陶渊明
的诗歌作品以风格自然，语言质朴凝练，意境隽永而为后人所称
道。他所开创的田园诗体，把古典诗歌发展到了一个新的境界。
此外，两晋时期私家修史的风气很盛，其中最为著名的作品是陈
寿的纪传体史书《三国志》。《三国志》记述了东汉末年和魏、

蜀、吴三国的历史。此书取材精审，文笔简练生动，为我国史学名著之一，与《史记》《汉书》《后汉书》合称四史。除了文学创作，晋代的书法也取得了重大突破，其字体由篆书、隶书转变到楷书，还有草书和行书作为补充，在中国文字发展史上占有重要地位，奠定了中国现代书法的基础。在众多的书法大家中，最负盛名的是东晋时期的王羲之。王羲之吸收汉魏晋各家精华，集书法之大成，创立了自己独特的风格，被后世誉为"书圣"。在绘画方面，两晋时期的绘画艺术也达到了一个高峰，绘画成就最高的是东晋的顾恺之，他擅长画现实人物。顾恺之以西晋文人张华所著《女史箴》为题材，画出《女史箴图》，又按照曹植的辞赋《洛神赋》，画了传说中的洛神像，这两幅人物画堪称历代名画中的精品。

到了南北朝时期，我国的科技水平发展到了新的高度。

北魏农学家贾思勰总结了我国北方黄河中下游一带农业生产经验，写成了农学著作《齐民要术》。《齐民要术》是我国现存的最早、最完整的农书，在世界农学史上占有重要地位。

这个时期，我国在数学领域也取得了很大的进展。数学家祖冲之计算出了圆周率，其数值精确到小数点后的第七位，比阿拉伯人的同一推算早一千年。而北魏的郦道元所写的《水经注》，除了为古书《水经》作注，还通过实际调查详细记述了全国一千二百五十条河流的走向及所流经地区的风土人情、历史人物等，是我国地理学领域的宝贵遗产。

　　这个时期的诗歌创作也发展到了新的高度，东晋时期兴起的山水田园诗在南朝宋诗人谢灵运的倡导下得到了新的发展，具有清俊秀丽、意境开阔等唯美主义特点，开创了山水田园诗派的先河。史学方面，南朝宋的史学家范晔在前人成就的基础上，融会贯通，写成了《后汉书》；齐梁时期的文学理论批评家刘勰著有文学理论著作《文心雕龙》；宋朝的文学家刘义庆还创作了笔记小说《世说新语》。这些文史类书籍在中国文学发展史上具有重要地位，对后世文化的发展产生了积极的影响。

　　总之，三国两晋南北朝时期科技和文化上的成就，为中国历史文化的发展书写了浓墨重彩的一笔，创造了中国历史上科技文化的辉煌，为后来唐宋科技和文化的繁荣奠定了坚实的基础。

隋朝天下归一

国号	隋	**首任君主**	文帝（杨坚）
时间	581—618	**灭亡君主**	恭帝（杨侑）
都城	长安（今陕西西安）		
性质	封建制		

公元581年，杨坚代周称帝，建立隋朝，改元开皇，建都长安。杨坚就是隋文帝。公元589年，隋灭陈，自此结束了魏晋以来中国长达三百多年的分裂割据局面，全国再次统一。

隋文帝建国之后，进行了一系列有利于社会发展的改革，中国历史上一个全新的繁盛局面正式开始。

在官制上，隋文帝对南北朝后期的官制进行了改革，建立了三省六部制度。三省即尚书省、内史省、门下省，在尚书省下，又分吏、礼、兵、都官（后改为刑部）、度支（后改为户部）、工六部，六部尚书分掌全国政务。在地方县制上，隋文帝将以往州、郡、县三级地方机构改为州、县两级制。这些措施都有助于改善吏治和加强中央集权。

经济上，公元582年，隋文帝颁布了均田新令，规定奴婢和农民都可以受田。这项规定，使农民多少得到了一些土地，有利于提高农民的生产积极性，从而促进农业生产的发展。

针对南北朝以来户籍混乱的情况，公元585年，隋文帝责令州县官吏按照户籍上登记的年龄，和本人体貌严格核对，并鼓励百姓互相检举，以防户口不实。接着，隋文帝又实行"输籍定样"法，即人民所缴租税，依每家资产情况确定税额，写成定簿。这样就使地方官不能舞弊，人民也无法逃税。这些举措使国家户口大为增加，收入也随之增多。

此外，隋文帝还废除了北周时期诸多苛酷刑律，同时改革兵制，设立以均田制为基础的府兵制，实行兵农合一，这样既能扩大兵源，又能发展生产。

隋文帝施行的这一系列改革措施，使得政治稳定，经济得到迅速发展，其富庶程度甚至超过两汉盛世。同时，这个时期各少数民族与汉族进一步融合，民族关系融洽。隋文帝本人又勤政节俭，约束臣下甚严。因此在隋文帝统治的开皇年间，全国迅速呈现出繁荣盛况，史称"开皇之治"。

公元604年，隋文帝死，次子杨广即位，这就是隋炀帝。隋朝初期的繁盛局面从此宣告结束。隋炀帝是历史上有名的暴君，他在位期间大兴土木——修建长城、开凿运河、营建东都，他还穷兵黩武，先后三次发动对高丽的战争。繁重的劳役和兵役给人民带来了深重的灾难，无数农民被迫离开家园，他们无以为生，只得起来反抗。对于起来反抗的人民，隋炀帝采取极其残酷的手段进行镇压。这一系列暴政迅速激化了阶级矛盾，导致隋末农民大起义的最终爆发。公元611年，起义浪潮从黄河下游开始，向江淮地区推进，很快波及全国。不久，起义军在斗争中歼灭了隋军主力，使隋王朝的统治迅速崩溃。地主阶级中的官僚军阀这时乘机拥兵自重，纷纷割据一方。公元616年，太原留守唐国公李渊于太原起兵反隋。公元617年，李渊率军攻入长安，立隋炀帝之孙，年仅十三岁的代王杨侑为天子，是为恭帝。公元618年，隋炀帝在江都被杀。同年，唐王李渊逼恭帝退位，随后在长安称帝，建立唐朝。隋朝只历三帝，存在了短短三十八年就宣告灭亡。

隋朝存在时间虽短，其创立的一系列政治经济制度却具有承上启下的重要意义，为后世封建王朝的发展奠定了坚实的基础。

此外，隋朝时期，内地与边境地区的政治、经济联系也得到了加强。位于青海、新疆东南部的吐谷浑被收服，隋炀帝在其地设置四郡；岭南诸郡也臣服于隋；隋炀帝又派万人军队到达台湾岛（当时称流求），大陆与台湾岛之间的联系进一步加强。日本也曾四次派遣使节到中国学习，两国关系日渐密切。隋朝时的科学技术也取得了不俗的成就。李春设计的赵州桥，在建筑设计上达到了极高的水平。在水利交通上，隋炀帝下令开凿了横贯南北的大运河，大运河全长四千多里，连接了海河、黄河、淮河、长江和钱塘江五大水系，成为南北交通的大动脉。这是古代世界上最长的运河。隋朝所取得这些政治、经济、科技方面的成就，为后来的唐朝盛世打下了坚实的基础。

历史大视野

隋朝以前，选官一直沿用九品中正制度。隋文帝即位后，正式废除了前朝的选官制度，开始用分科考试的方法选官。当时设有常科和特科，隋炀帝时又新设了进士科。科举制的创立，打破了门阀士族对政权的垄断，为庶族地主参与政权开辟了道路，有利于选拔人才，巩固封建政权。隋朝创立的科举制，被以后各朝沿用，影响深远。

世界最强盛的国家——唐朝

国号	唐	**首任君主**	高祖（李渊）
时间	618—907	**灭亡君主**	哀帝（李柷）
都城	长安（今陕西西安）		
性质	封建制		

公元618年，李渊逼隋恭帝退位，建立唐朝，是为唐高祖。

唐朝建立后，李渊陆续制定了一系列有利于加强中央集权的措施。在行政机构上，唐朝继续沿用隋时的三省六部制，并在地方上设置了十道监察机构，大大加强了中央对地方的监督；在地方体制上，采取了州县制，由中央任免地方官员，加强了中央对地方的控制。此外，唐朝还继续沿袭隋朝的科举制，并建立了较为完备的地方教育体系，为国家培养了大量的人才。这些举措，为唐朝盛世的到来创造了条件。

公元626年夏，唐高祖李渊的第二个儿子、秦王李世民发动"玄武门之变"，射杀太子李建成和齐王李元吉。随后，李渊便立秦王李世民为太子，八月李世民即位，是为唐太宗，次年改元

贞观。

李世民在位期间，深刻吸取了隋朝灭亡的教训，励精图治，开创了比较清明的政治局面。其用人唯才是举，听政从谏如流，致使贞观朝人才济济，天下英雄尽为所用。太宗还采取清静无为、轻徭薄赋等政策，促使唐初的社会经济与秩序快速恢复，又注意改善民族关系。一时社会稳定，政治清明，经济繁荣，人民安居乐业。唐太宗的政绩，对后世产生了重大影响，被誉为"贞观之治"。

公元649年，唐太宗死，其子李治即位，这就是唐高宗。不久，太宗时期的才人武则天受宠，被唐高宗册立为皇后。唐高宗因患风眩病，目不能视，便让武则天协助他裁决政事。武后涉政之后，权力越来越大。公元683年，高宗去世。此后，武后以太后身份先后废掉两个儿子唐中宗和唐睿宗，于公元690年正式登基称帝，改国号为周，自称则天大圣皇帝。这就是中国历史上唯一的女皇帝。武则天称帝后，励精图治，奖励农桑，发展经济，重视人才，维持了国家繁荣兴盛的局面。然而武则天崇信佛教，到处修建寺院，亦给百姓造成负担。为排除异己，她又重用酷吏，造成冤狱丛生。晚年的武则天宠爱张易之、张昌宗兄弟，使朝政荒败。公元705年，宰相张柬之等人发动政变，处死张氏

兄弟，迫使武皇退位。很快，唐中宗复位，重建唐朝。可中宗无能，致使韦后乱政，后为唐睿宗之子李隆基和武则天之女太平公主所平。之后，两人又立睿宗。公元712年，唐睿宗让位给太子李隆基，这就是唐玄宗。

唐中宗、睿宗时，政治混乱，弊端丛生。唐玄宗即位后，先后任命干练正直的官员姚崇、宋璟等人为宰相，针对当时的弊政进行了一些裁汰冗官、抑制佛教势力的发展、提高农业生产等方面的改革，使大唐再次出现清明安定的政治局面，经济也获得了空前的繁荣发展。此时为玄宗开元年间，史称"开元盛世"。大唐的繁盛吸引了亚洲、非洲等诸多国家的使节、商人、文化学者来访，长安城内，肤色各异、语言多样的各国人士杂居在一起，使其成为一个名副其实的国际性大都市，大唐帝国以世界上最强盛国家的姿态屹立于世界东方。

等到唐玄宗统治后期，由于其当政已久，逐渐怠于政事，开始重用奸臣李林甫、杨国忠等人。当时三镇节度使安禄山握有重兵，他见内地武备松弛，便阴谋起事。公元755年十一月，安禄山与另一叛将史思明发兵十五万，在范阳（今北京）起兵叛唐。次年六月，叛军长驱直入，攻陷唐都长安。后来唐将郭子仪、李光弼在回纥（突厥的分支，中国古代北方及西北的少数民族）兵的协助下平定了叛乱。这场战乱严重破坏了社会经济，成为唐由盛而衰的转折点。安史之乱被平定后，安史余部还保留着相当大的势力。后来即位的唐代宗为了求得苟安，"瓜分河北地付授叛

将"，藩镇割据的局面开始形成，唐朝逐渐衰微。而且，从唐肃宗开始，宦官开始专权，唐统治集团内部又大兴"朋党之争"，这些混乱的政治局面使朝政变得腐败不堪，局势日益动荡，人民生活在水深火热之中。公元874年，王仙芝、黄巢先后举起义旗，领导农民发动起义。后来，黄巢起义军直捣长安，建立了大齐政权。这次起义最终还是被镇压了下去，但却沉重地打击了唐王朝的统治。

黄巢起义之后，降唐的黄巢部将朱温被任命为节度使，又被封为梁王，势力逐渐增强。公元904年，朱温逼唐昭宗迁都洛阳。同年八月，他杀昭宗，立昭宗幼子李柷为傀儡皇帝。公元907年，朱温废帝自立，国号为梁（史称后梁），唐朝最终灭亡。

大唐经济

大唐中前期国力强盛，经济发达，在统治者的大力推动下，农业、手工业、商业等领域都取得了较高的成就。首先，唐朝统治者比较重视农业生产，建国之初，唐政府便推行均田制，并允许买卖分田。唐初由于经历战乱，人口锐减，许多地主官僚的田产庄园都成了无主荒地，因此农民占田较多。这多少改变了隋末农民战争以前的不合理的土地占有情况，促进了农民从事农业生产的积极性。

其次，唐朝时期，农业耕作技术有了较大的革新。黄河中下游地区已普遍实行精耕细作的耕作方法，粮食亩产量大为提高。江

南地区也普遍开始修建梯田，增加耕地，水稻种植由过去的直播法改成了插秧法，并一直沿用至今。针对水稻需水量大的特点，江南地区还发明了筒车和高转筒车等提水灌溉工具。这些工具的发明与广泛应用，促进了江南经济的持续发展。

农业的快速发展在一定程度上促进了手工业的进步。在唐朝，中央开始专门设立管理各类手工业生产的机构，发展了规模宏大的官营手工业。而且，这时的瓷器生产已从陶器生产中脱离出来，以北方邢窑为代表的白瓷和以南方越窑为代表的青瓷各领风骚，形成了南青北白的格局。唐朝的造船技术也相当先进，德宗时李皋发明的车船，以轮代桨，人力踏进，速度可比帆船。当时远航印度洋和红海的大型中国海船已有"海上霸王"的美称。唐朝时期，造纸业也取得了巨大的成就，人们已经开发出品种多样的纸张，其中著名的有益州麻纸、浙东藤纸、宣州宣纸、韶州竹纸等。造纸术的发展又促进了印刷术的革新，唐朝发明了世界最早的印刷术——雕版印刷术。

除了农业和手工业，唐朝的商业也非常发达。由于唐朝实行对外开放的政策，再加上很多新的交通线路被开辟出来，唐朝的城市商业变得空前繁荣，商业大都市纷纷形成。西京长安、东京洛阳、淮南的扬州、益州的成都，都是当时繁盛的商业大都市。除此之外，荆州和广州还分别是长江中部最繁盛的商业都市及岭南地区最大的都市和著名的国际商港。中唐以后，江南的苏州、杭州又成为新兴的大都市。在所有商业城市中，扬州是全国最大

的外贸口岸，享有盛名。当时，对外陆路和海路两大通道均连接于此，国内南方物资的北运以及国际商品的转运都经过这里——中国的丝绸、纸张、瓷器、茶叶等，通过扬州远销到南洋各国，南洋、中亚和西亚运来的香料、药材、珊瑚、珍珠等，也都是通过这里传入中国内地。

随着商业的繁荣，唐朝社会的思想观念也发生了明显变化，财富多少成为衡量一个人社会地位的重要标准，经商被视为一个重要职业，商业活动空前活跃。

在发达的经济背景下，为增加国家财政收入，唐朝统治者又大力推行赋税制度。唐初实行的是租庸调制，主要内容有：丁男每年向国家交纳粟两石，称作租；交纳绢两丈、绵三两或布两丈

五尺、麻三斤，称作调；每丁每年服徭役二十天，如不服役，每天输绢三尺或布三尺七寸五分，称作庸，也叫"输庸代役"。租庸调制以均田制的推行为前提，均田制规定每个成丁的农民都受田一百亩，因此国家征收租庸调就只问丁身，不问财产。

唐朝中期，租庸调制废弛，在宰相杨炎的建议下，从公元780年开始，唐朝政府推行两税法，也就是以户税和地税来代替租庸调的新税制。两税法"惟以资产为宗"，民众只要略有资产，就一律得纳税，根据纳税人的贫富情况划分征税量。经常往来经商的，也得在所在州县交三十分之一的税。

两税法的推行极大地扩大了纳税面，即使国家不增税，也会大大增加收入，使大唐国力迅速增强，也保证了唐朝中后期经济的正常发展和社会稳定。

历史大视野

唐时，由于商业的发展和繁荣，在扬州、长安等一些大城市，商品贸易出现了大宗交易。为了解决铜钱携带不便的问题，唐朝创制了世界上最早的兑汇制度——飞钱。这种凭文券到指定地方取钱的方法，解决了搬运大量铜币的困难，也可避免长途携运钱币的麻烦及途中可能发生的危险，所以在唐朝得到了普及。

大唐的边疆关系和外交政策

唐朝是中国历史上重要的民族大融合时期，为安定边疆秩序，维护封建统治，唐朝政府因地制宜，对周边民族采取了招抚政策，各少数民族受此感召，纷纷归附。

公元629年，广布于西北地区的党项羌首领细封步赖在唐统治者招抚政策的引导下，率部归附。党项其他部落受其影响也纷纷内属。此后，党项属地尽归唐王朝的版图，党项羌成为唐朝的属民。

公元640年，为加强与位于青藏高原的吐蕃的关系，唐太宗把文成公主嫁给吐蕃首领松赞干布，从此吐蕃臣属唐朝。后来，唐中宗又把金城公主嫁给了吐蕃赞普尺带珠丹，进一步加强了同吐蕃的友好关系。

唐武德年间，居住在黑龙江流域与长白山地区的粟末靺鞨归附了唐朝，唐朝设置慎州、黎州等地区安置他们。后来粟末靺鞨一度反叛唐朝，并自立建国。在唐政府的威慑下，公元713年，该国首领大祚荣接受唐朝渤海郡王的册封，再次归附唐朝，并改国号为渤海。唐政府在其地设立渤海郡，这是唐朝在东北地区设置的最高军政机构之一。另外，唐朝还与分布在西北和北方的少

数民族回纥采取了和亲的政策，也取得了较好的政治效果。

在唐朝历史上，影响最大的边疆问题来自突厥，当时突厥分为东西两部。唐朝建立后，北方的东突厥贵族便不断向内地袭扰，甚至两度率兵侵犯关中，进逼长安。公元629年，唐太宗派大将李靖、李勣等统兵十余万分道出击，给东突厥以沉重的打击，次年东突厥便灭亡了。随后，唐政府在东突厥旧地设立定襄都督府、云中都督府等进行管理。东突厥灭亡后，控制西域地区的西突厥竭力阻止西域国家与唐朝建立联系。唐政府便决定向西用兵。公元658年，唐灭亡了西突厥，控制了西突厥所统辖的西域地区，并设立了安西都护府进行管辖。突厥问题至此得到了彻底解决。

除了边疆关系，唐政府也十分注重与周边国家的友好交往。

当时，大唐帝国是一个开放的国家，也是世界上最发达、文明程度最高的国度。在唐代，中外交往非常频繁。高丽、日本、泥婆罗（今尼泊尔）、骠国（今缅甸）、赤土（今泰国）、真腊

（今柬埔寨）、室利佛逝（今印尼苏门答腊）、诃陵（今印尼爪哇）、天竺（今印度、巴基斯坦、孟加拉）、狮子国（今斯里兰卡）、大食（今阿拉伯地区）、波斯（今伊朗）等国都与大唐帝国有着非常广泛的经济和文化的交流往来。

为了适应对外交往的需要，唐代的对外交通和对外贸易都非常发达。对外交通方面，陆路从长安出发，可以经丝绸之路，到达中亚、西亚、印度等国，海路则可以到达日本、南亚、西亚和北非。中国的特产——丝绸、纸张、瓷器、茶叶等能远销到南洋各国，南洋、中亚和西亚运来的香料、药材、珊瑚、珍珠等也被销往中原内地。

同时，为接待络绎不绝的各国使节，唐朝政府设置了鸿胪寺，各地还设立了专门招待外商的商馆，并设立了互市监和市舶司掌管对外贸易。扬州、洛阳、广州、兰州、敦煌等，都是唐

朝对外贸易的重要城市。唐朝都城长安，更是各国使节、商人、学者、僧侣所向往的地方。长安设立的"西市"可供外商经商，国子监还招收大量外国留学生，长安成了一个热闹繁华的国际性大都会。

这时，中国和日本的友好往来和文化交流继隋朝之后已达到空前的繁荣。公元631年，日本派出了由留学生和学问僧组成的第一批"遣唐使"。到公元838年，日本先后派遣唐使共十三批，有时人数多达五百五十人以上。

除了欢迎外国使团和留学生进入大唐帝国进行经济文化的交流，唐朝政府也多次派人外出游学、交流。公元626年，玄奘从长安启程去天竺游学，途经今新疆地区及中亚各国，历尽艰险，最后到达了今巴基斯坦和印度。辩机根据他的口述编成十二卷的《大唐西域记》，成为研究中古时期中亚、印度半岛等国的宝贵资料。

唐朝佛学大师义净也于公元671年搭波斯船从广州出发，浮海赴印度。他先在那烂陀寺钻研佛学十年，后到室利佛逝、末罗瑜（在苏门答腊）搜罗并抄写佛经，又滞留南洋一年。义净先后周游三十余国，历时二十五年。归国后，他书写了《南海寄归内法传》和《大唐西域求法高僧传》二书，记录了南亚很多国家的社会、文化状况，成为唐朝时期对外交往的重要见证。

总之，大唐帝国的强盛在世界历史上影响深远。在当时，人们便对中国的一切均以"唐"字加称，如称中国人为"唐人"，称中国的字为"唐字"等，这种影响延续至今。

大唐科技及文化艺术

大唐国力的强盛，促进了医学、天文学等科技领域的进步，也促成了唐朝的诗歌、史学、绘画、书法等文化艺术领域的灿烂与辉煌。

唐朝科技方面的成就首先体现在医学上，唐代杰出医学家孙思邈总结前代的临床经验和医学理论，并加以革新和创造，写成了我国历史上第一部医学百科全书——《千金方》。

《千金方》包含妇、儿、内、外、五官各科，收五千三百余方，是现存最早的医学百科全书。此书在我国医学史上占有重要地位，孙思邈因此被尊为"药王"。

在天文学方面，唐朝最突出的成就就是僧一行主持测量子午线。

公元724年，天文学家僧一行在全国二十四个地方测量北极高度及冬至日、夏至日和春分日、秋分日的日影长度，并设计了一种叫作复矩图的仪器，用来测量北极高度。在当时，这种用科学方法实测子午线的工作在世界上还是第一次。

另外，唐朝时，中国还发明了黑色火药。

这种火药是中国古代炼丹家在长期的探索和实验中研制出来

的，它由硝石、硫黄和碳化的皂角子或马兜铃粉混合而成，具有燃烧爆炸的性能。火药发明后，很快用于军事。到宋朝时，火药便由阿拉伯人传到了西方。

除了较为发达的科学技术，大唐帝国在文化艺术上的繁盛也令世人瞩目。

唐朝是中国历史上诗歌创作最繁荣的时期。唐朝的诗歌题材广泛，风格多变，名作名家如林。唐朝有姓名可考的诗人达两千两百多人，名家辈出。其中最著名的有李白、杜甫、白居易、李贺、岑参等等。名家写就的唐朝诗歌韵律优美，脍炙人口，创造出了中国古典诗歌成就的最高峰，对后世诗歌的创作产生了极为深远的影响。

除了诗歌，在唐朝中后期，还产生了一种特殊的文学类型——传奇小说。

　　唐朝的传奇小说又称唐传奇。唐传奇取材于现实生活，具有完整的故事情节和典型的人物形象，还增加了虚构和想象的成分，代表作品有《柳毅传》《莺莺传》等。传奇小说的出现，标志着中国的古典小说开始发育成形。

　　另外，唐朝在史学方面也取得了不小的成就。史学家刘知几创作出了中国古代史学史上第一部系统性的史论著作——《史通》，该书总结了唐以前史学的全部问题，科学严谨，论述全面，拥有极高的史学地位，对后世影响深远。

　　这个时期，史学家杜佑还著成了我国第一部典章制度专史《通典》，该书不仅具有极高的史料价值，而且也开创了典章制度分类专史著述的先河。

　　唐朝也是中国古代绘画全面发展的鼎盛时期之一。唐朝绘画名家辈出，题材内容丰富多样。

　　初唐时期，名家阎立本的《步辇图》和《历代帝王图》代表了唐代贵族人物画的最高成就。盛唐以后，随着经济的发展，题材大大丰富，人物画开始以世俗生活为内容。最有成就的画家是吴道子，他创作的《送子天王图》代表了人物画发展的新高峰。

　　唐朝还有许多长于画花鸟禽兽的画家，比如薛稷擅长画鹤，曹霸、韩幹擅长画马，韩滉、戴嵩擅长画牛，他们的画作至今仍闻名于世。

　　此外，寺院、石窟和陵墓中的壁画，色彩鲜艳、场面宏伟、生动活泼，反映了唐代社会生活方方面面的内容，具有极高的艺

术价值和史料价值。

　　除了绘画，唐朝的书法艺术也创造了一个新高峰。初唐承袭前人清劲瘦挺的风格，以欧阳询、虞世南、褚遂良和薛稷"初唐四大家"为代表的书法具有清明疏朗之气。

　　盛唐以后，书法彻底摆脱了"二王"（王羲之、王献之）书派的约束，"纳古法于新意之中，生新法于古意之外"，产生了以颜真卿和柳公权为代表的楷书新风范。

　　此时，草书也有了新的飞跃，追求浪漫狂放，形成了巨大的艺术张力与审美空间，其突出代表是张旭和怀素。唐代的书法艺术风格多样，体系成熟，其书法形式多为世人所模仿，对后世产生了极为深远的影响。

政权频更的五代

唐朝灭亡后，中原地区相继出现了后梁、后唐、后晋、后汉、后周五个短命的朝代，这就是五代。

公元907年，唐末农民起义军的叛将朱温废唐帝自立，建国号梁，史称"后梁"。后梁的建立标志着五代时期混乱局面的正式开始。后梁建立之后，梁太祖朱温便忙于与旧唐晋王李克用争夺霸权，双方交战不休。公元907年，李克用病死，其子李存勖继嗣晋王，双方仍不断鏖兵。公元912年，朱温被其子杀死，后梁政权混乱，国力日衰。此时，李存勖已经连连征伐，陆续统一了北方。公元923年，李存勖正式称帝，建国号唐，定都洛阳，史称"后唐"。建国后，后唐立即大举进攻后梁，公元923年十月，后唐军攻陷后梁都城汴州（今河南开封），后梁至此灭亡。

后唐建立后，李存勖骄傲自满，开始沉溺声色，疏忌宿将，听信逸言，引起了朝臣和藩镇诸将的强烈不满，后唐政权陷入激烈的内部纷争之中。公元926年，众叛亲离的李存勖为乱兵所杀，李克用的养子李嗣源乘机进入洛阳称帝，这就是唐明宗。李嗣源能登上帝位，他的女婿、节度使石敬瑭出力不少。公元934年，明宗养子李从珂即位，是为唐末帝。末帝即位前，石敬瑭曾

弹劾过他，因此末帝登基后便削去石敬瑭的官爵。为求自保，石敬瑭便以割地、纳贡、称臣为条件，请求位于北方的契丹人出兵灭唐。公元936年，石敬瑭出兵五万，借契丹之力攻入洛阳，后唐政权灭亡。石敬瑭随后称帝，国号晋，迁都汴州，史称"后晋"。后晋建国后，石敬瑭称契丹主耶律德光为父，每年贡给契丹帛三十万匹，并割让燕云十六州（位于今北京、天津以及山西、河北北部）。虽然后晋每年向契丹供奉大量财物，契丹主仍奴视后晋，稍不如意，便加责难。公元942年，石敬瑭死，其侄石重贵嗣立为帝。这时后晋政局不安，叛乱迭起。公元946年，契丹以后晋皇帝不够恭顺为由，出兵进犯中原。公元947年正月，契丹攻入汴州，后晋亡。

契丹兵大肆入侵中原的行为，遭到中原人民的顽强抵抗。公

元947年三月，契丹兵北退，石敬瑭部将、河东节度使刘知远乘机在太原称帝。六月，刘知远进入汴州，以汴州为都，国号汉，史称"后汉"。这是五代中的第四个封建王朝。刘知远死后，后汉重臣郭威等人辅隐帝刘承祐嗣位。公元950年四月，契丹兵南下，郭威被拜为邺都（今河北大名县）留守，抵御契丹。十一月，郭威在邺都发动兵变，随即率兵南下，兵临汴州，隐帝为乱兵所杀。同年十二月，将士哗变，将撕裂的黄色旗帜加之于郭威身上，立其为帝。于是郭威代汉而立，改国号为周，定都汴州，史称"后周"。

公元954年，郭威死，其养子柴荣继位，是为周世宗。周世宗在位时，在经济、政治及军事等各方面进行了整顿和改革。他

任用贤才，兴修水利，整顿钱币，同时严肃军纪，精选骁勇。柴荣的改革没多久就收到了效果，国家的实力逐步增强，创立了五代中少有的繁荣局面。后周实力逐渐增强后，周世宗便开始了统一天下的征程。他先后向西、向南亲征，获取了大片土地。其后，周世宗又北伐契丹，迅速攻占了契丹把守的十七个县。这是五代时中原政权和契丹交战所取得的最大胜利。公元959年，统一大业未竟，周世宗却不幸病逝。其子柴宗训即位，年仅七岁，是为周恭帝。这时，后周军权落入禁军统帅殿前都点检赵匡胤手中。

公元960年，赵匡胤谎报北汉和契丹会师来攻，于是奉命带兵北上，到了开封东北的陈桥驿，发动兵变，被部下"黄袍加身"，而后回师都城，夺取了后周政权，改国号为宋，定都开封，史称"北宋"。

历史大视野

与五代同时，当时中国的南方各地陆续出现了九个主要的割据政权，即前蜀、后蜀、吴、南唐、吴越、闽、楚、南汉、南平（荆南）九国。北方则有建国于今山西境内的北汉。历史上把这十个分裂政权统称为"十国"。十国与五代并存，所以通常合称为"五代十国"。

重文轻武的王朝——北宋

国号	宋	**首任君主**	太祖（赵匡胤）
时间	960—1127	**灭亡君主**	钦宗（赵桓）
都城	开封		
性质	封建制		

北宋政权建立后，面对唐末以来骄兵悍将、主弱臣强的现实，宋太祖赵匡胤采取了一系列措施加强中央集权。为了不使宰相的权力太重，赵匡胤采用分化事权等方法削弱宰相权力，同时还加强御史台和谏院的权力，使之风闻言事，作为皇帝的耳目。另外，为了解决唐末五代以来军人权力过大导致政权颠覆的问题，宋太祖决定以文人取代武人，掌握国家实权。政府最高级的政、军官员，几乎全部由文人出任。他又不断增加科举考试的录取名额，使文人有更多机会进入仕途。不久，以往在社会上横行无忌的武人逐渐式微，文人的地位日益提高。为了防止割据局面重演，赵匡胤接着采取了一系列集中军权的措施。他首先用"杯酒释兵权"的方式解除了宿将的兵权；后来用"宫宴罢节镇"的方

式罢免了诸藩镇的兵权；又创设"更戍法"，造成将不专兵、兵不识将的局面，使军队将领不能依仗军队威胁皇权。后来，他还实行"养兵弥乱"等军事方针。这些措施虽巩固了中央集权，但军事力量亦因此被削弱，冗兵过多，军费浩繁，埋下了积贫积弱的祸根。

最后，为削弱地方的权力，中央在各州郡设通判，由知州和通判共同执掌地方政权，互相牵制。财政则由三司使分别执掌，三权分立，互相制约，使皇权更加集中。

为了选拔合格的官员，宋代还沿袭隋唐以来的科举制，并首创殿试制度。赵匡胤规定凡举人参加会试十五次以上者，可采取"特奏名"的形式，由皇帝"恩例"，特赐"出身"。特奏名、殿试的实行，标志着科举制度在宋初已基本完善。

就在北宋统治者在国内进行大刀阔斧的改革、加强中央集权

之时，北宋的外部边境又起争端，新建立的大宋王朝与北方契丹人建立的辽国征战不断。公元979年和公元986年，宋太宗赵光义（宋太祖赵匡胤之弟）曾两次亲征辽国，均以失败告终。此两役之后，北宋对辽由进攻转为防御，辽军乘势开始反攻。1004年，辽圣宗与萧太后率兵二十万南下攻宋，兵至澶州（今河南濮阳）城下。宋真宗赵恒亲临澶州北城门楼鼓舞士气，使宋军士气大振，将辽军名将萧挞览射杀马下。辽军兵锋受挫，形势转为被动。澶州之战后，形势对宋十分有利。但宋朝君臣颇多厌战，辽军入宋境后也多处失利，双方均有和意。1005年一月，宋辽订立"澶渊之盟"，双方和解。此后的近一百二十年中，宋辽之间没有再发生大的战争。

就在北宋与辽的战事即将告一段落之际，位于西部的党项族发

展了起来。1038年，党项族人首领李元昊称帝，国号大夏，定都兴庆府（今宁夏银川），史称西夏。西夏在李元昊的领导下实力不断增强。从1040年起，李元昊不断对宋发动战争，每次战役，宋军几乎都以惨败、最后向西夏"纳币"议和而告终。此后，两国仍时战时和，这种情况几乎持续到北宋后期。

北宋与辽及西夏的长期征战，使国内形势急剧恶化，农民起义不断爆发，统治者疲于应付。而且，北宋冗官较多，军备无力，国势日衰。为了挽救统治危机，1043年，在宋仁宗的支持下，参知政事范仲淹等推行了以整顿吏治为内容的庆历新政，但由于保守势力的反对，新政很快就失败了。1067年，宋神宗即位。为改变北宋积贫积弱的局面，他又起用王安石实行变法。1069年二月，新法正式实行。新法针对北宋的冗官、冗兵、冗费、积贫、积弱等问题进行大量改革。王安石的新法实施了十几年，使经济复兴，军队战斗力提高，但却遭到大地主官僚的反对。因此宋神宗死后，新法很快被废除。王安石变法失败后，北宋走向彻底衰败。到了宋徽宗时期，奸臣蔡京擅权，政治腐败更加严重，农民起义不断。而这时，北方新兴的女真金国却开始日益强盛。1125年，金与宋联合灭掉辽国，随后金便开始了对北宋的进攻。1126年八月，金兵攻陷开封，宋钦宗（徽宗于1126年让位于其子赵桓，这就是宋钦宗）奉表请降。1127年四月，金人俘徽宗、钦宗和宗室等数千人和无数财富北去，此事发生在靖康年间，因此史称"靖康之变"，北宋王朝至此灭亡。

偏安一隅的政权——南宋

国号	宋		**首任君主**	高宗（赵构）
时间	1127—1279		**灭亡君主**	帝昺（赵昺）
都城	临安（今浙江杭州）			
性质	封建制			

北宋灭亡之后，康王赵构在南京应天府（今河南商丘）即位，改元建炎，史称南宋，赵构就是宋高宗。宋高宗登基后，终日沉湎于酒色，不事战备。1128年至1132年，金兵发动数次南侵，昏庸的高宗带领南宋朝廷一路奔逃，最后来到临安，这才安顿下来。于是南宋最终迁都于此，勉强维持统治。

此时，南宋大片领土尽失，面对山河破碎的局面，南宋小朝廷偏安一隅，广大爱国军民却自发展开了轰轰烈烈的抗金斗争。1129年，金将兀术率军征宋，浙西制置使韩世忠在黄天荡（今江苏南京附近）大败金军，使金军逃至建康（今江苏南京），不敢渡江。

金将兀术逃至建康后，建康留守大将岳飞出兵与金军交战，半月后，歼敌三千，令金军北撤。1134年，岳飞又率军北伐，

成功攻克襄汉地区，收复了北方大片失地，取得南宋开国以来第一次重大胜利。1140年，岳飞在第二次北伐中，与金军在郾城（今属河南）展开一场大战。最后兀术率军战败而逃，岳飞遂取得了"郾城之战"的胜利。

这时，除了韩世忠和岳飞的抗金斗争，宣抚处置使张浚和东京副留守刘锜也取得了对金战争的胜利，令金军多次南侵都未能取胜。

为破坏南宋的抗金活动，促成南宋朝廷投降，金国开始主张和议。而南宋朝廷一向担心将帅权重会威胁自身统治，为扫清障碍，宋高宗于1141年四月削除了韩世忠、张浚、岳飞的兵权，并于同年十一月与金达成了绍兴和议。1142年二月，宋派使节进誓表，表示要世代向金称臣，和议正式生效。宋金战火暂时熄灭。

不久，高宗去世。即位的宋孝宗主张讨回"祖宗基业"，外戚韩侂胄为立功自固，主动请缨，分别于1162年（宋孝宗元

年）和1206年（宋宁宗开禧二年）进行了两次北伐，结果都以失败议和告终，困扰南宋的外患问题没有取得任何进展。

与此同时，统治集团内部的夺权斗争也愈演愈烈。南宋中后期，皇帝软弱无力，政事多由皇后、外戚、大臣把持。宋孝宗死后，宋光宗即位，朝政便由李皇后操纵。后来，光宗被逼退位，宁宗赵扩即位。外戚韩侂胄因立宁宗有功，受宁宗宠信，得以把持朝政。后韩侂胄因北伐失败被杀，此后，礼部侍郎史弥远又与杨皇后相互勾结，执掌朝政大权长达二十六年，权倾内外，使南宋政治黑暗，国势日危。

就在这时，北方的蒙古族迅速崛起，金国势力大衰。南宋遂与蒙古联合伐金。在两国的合力打击之下，1234年，金国终于灭亡。金灭亡后，蒙古继续扩张，不断南侵，攻打南宋。1259年八月，蒙古军队在忽必烈的率领下入侵南宋，直抵长江北岸，

进逼南宋重镇鄂州。宋帝命右丞相兼枢密使贾似道率军驰援。贾似道却私下派人到蒙古军营求和，恰遇蒙古大汗蒙哥去世，忽必烈急于回师夺权，遂与其达成和议。蒙古退兵之后，贾似道隐瞒求和真相，以"鄂州大捷"上奏，竟以有大功之臣的身份被召入朝中，从此把持南宋朝政达十五年之久，南宋政权也于侥幸中苟延残喘了十五年。

1271年，经十多年的经营，忽必烈已夺取政权并建国大元。1275年，元军大举南下攻宋，南宋守军一路土崩瓦解，元军最终攻陷宋都临安。1279年，丞相陆秀夫负宋末帝赵昺投海自尽，南宋灭亡。

历史大视野

1141年，宋金达成绍兴和议，由此正式确定了宋金之间政治上的不平等关系。和议的主要内容有：一、宋向金称臣，金册封康王赵构为皇帝。二、划定疆界，东以淮河中流为界，西以大散关（陕西宝鸡西南）为界，以南属宋，以北属金。宋割唐（今河南唐河）邓（今河南邓州）二州及商（今陕西商县）秦（今甘肃天水）二州之大半予金。三、宋每年向金纳贡银二十五万两、绢二十五万匹。绍兴和议结束了宋金长达十余年的战争状态，形成了南北对峙的局面。

两宋科技的进步

北宋和南宋，是政治上顺承、科技文化的发展上也相互依存的历史时期。这一时期，我国在科技领域取得了巨大的进步，以指南针、火药和印刷术三大发明为主的科学技术有了突破性的进展，数学、天文学、医学等领域也取得了令人瞩目的辉煌成就。

北宋时，人们已经掌握了利用天然磁石制成指南针的技术，并运用到了航海上，促进了海上交通的发展。而发明于唐朝的火药，这时也已经广泛应用在战场上。北宋攻打南唐时，军中便配备了两万只火箭及威力巨大的火炮。真宗时，又出现了火毬、火蒺藜、手炮等火器。随着火器的作用越来越大，宋朝政府后来又在都城设立了作坊，专门生产火药火器。

除了指南针和火药，北宋时期的印刷术也取得了极其巨大的成就。北宋庆历年间，杭州布衣毕昇发明了活字印刷术，这是一种简便易学、可以循环再用的方法，也是世界上最早的活字印刷法，它的出现表明北宋时期的印刷技术已居于世界领先水平。

在北宋时期，还诞生了由著名科学家沈括编写的科技学术著作——《梦溪笔谈》，它涉及天文、数学、物理、化学、生物、地质、气象、医药、工程技术等各个领域，内容科学严谨，表述

形象生动，代表了当时中国的最先进科技水平。这个时期，科学家苏颂也编写出了代表北宋天文学新成就的著作——《新仪象法要》，里面介绍了浑仪、浑象及水运仪象台等天文仪器的设计内容，且图文并茂，反映了当时中国机械制造居于世界领先水平。

与北宋相比，南宋时期的科技成就主要体现在法医学、数学及天文学上。南宋时期，随着古代司法制度逐渐完备和成熟，古代医学水平也有了很大的提高，法医检验开始在立法与司法中占据重要地位。这个时期，南宋司法官员宋慈对中国古代法医学的发展作了全面总结，写成《洗冤集录》一书。《洗冤集录》是世界上现存第一部系统的法医学专著，里面记述了检验尸体、勘查现场、鉴定死伤原因等十分广泛的内容。它的出现标志着法医学成了一门独立的学科。

数学方面，南宋著名数学家杨辉于1261年作《详解九章算

法》一书，书中详细记载了北宋数学家贾宪的开高次幂方法及"开方作法本源图"。"开方作法本源图"形似三角，被后世称为"杨辉三角"。"杨辉三角"的出现时间较世界其他类似图形表早出很多，是世界数学史上的重大成就。

南宋中期，天文学家黄裳还总结和发展了北宋及前代的天文学研究成果，将中原地区可视的星空浓缩为一图，在石碑上刻出，这就是《天文图》。《天文图》是当时世界上独一无二的石刻星图，也是世界上现存时间最早、星数最多的古代石刻星图。

总之，两宋时期，虽然政治上表现得"积贫积弱"，但科学技术层面却表现出色，取得了诸多令人瞩目的成就，创造了中国科技发展史上的新高峰，影响极为深远。

历史大视野

两宋时期的造船业十分发达，领先于世界水平。宋船运载量大，可载重千吨级以上，深阔各几十丈，一船可载几百人，积一年粮食，还能在船上养猪和酿酒。此外，宋船稳定性强、安全可靠、航行速度很快，深受阿拉伯人和波斯人的推崇，所以当时中外商人所乘用的海船多是"宋朝制造"。

两宋文化艺术的辉煌

宋代统治者重视文人，因此这一时期的文化艺术也得到了迅速发展，呈现出一派繁荣瑰丽的景象。首先，宋词在这一时期达到了鼎盛，是两宋文学的最大特色和主要成就。北宋初期，婉丽娇娆的词风盛行一时，逐渐形成了以晏殊、柳永为代表的婉约词派。后来，北宋大兴诗文革新运动。在运动中，苏轼开创了与婉约词派对举的豪放词派，突破"词为艳科"的藩篱，词意雄奇阔大，风格豪迈奔放，广为后世所传颂。在北宋词的基础上，词在南宋得到了继承发展。此时，北宋的灭亡与南宋的积弱，使得慷慨激昂、悲壮苍凉的爱国词成为宋词的主流。这一时期出现了一大批以国家、民族等现实问题为题材，抒发慷慨激昂的爱国之情的词人，如辛弃疾、陆游等。此外，婉约词派在南宋也有了很大的发展，女词人李清照创作的表现妇女生活的清新之词和反映战乱的凄婉之词便是此派的巅峰之作，代表了南宋婉约词派的最高水平。

两宋时期，绘画和书法艺术也达到了一定的高峰。在北宋时，以李成、范宽为代表的山水画已发展成熟，市民风俗画和文人画也开始兴盛，出现了一些传世杰作，最有代表性的就是张择端的《清明上河图》。等到南宋时期，由于宋室偏安，江南成为

南宋的绘画中心，山水画得到了进一步发展，出现了大量以江南风物为绘画题材的著名画家。其中，画家李唐、刘松年、马远和夏圭，被称为"南宋四大家"，代表了南宋山水画的最高艺术成就。

在书法艺术方面，宋代的书法已突破了唐朝体态严整和重视法度的格局，进入了一个"尚意"的新境界，北宋四大书法家蔡襄、苏轼、黄庭坚、米芾是两宋时期书法艺术的主要代表。值得一提的是，北宋亡国之君宋徽宗赵佶政治上虽然昏庸无道，却颇有艺术才能，棋琴书画无一不通，还开创了书法领域的新字体——瘦金体，广为后人所称道。

两宋时期，史学方面也取得了重大成就。由北宋时期龙图阁学士司马光主持编纂的《资治通鉴》是我国第一部编年体通史巨著。全书共二百九十四卷，记载了上起周威烈王二十三年

（公元前403年），下至后周世宗显德六年（公元959年），共一千三百六十二年的历史。此书开创了以记事为主的新体裁，为后代许多史家所仿效。

宋代也是我国古代私家藏书业的大发展时期，藏书成了整个社会的群体性行为，到南宋时期，出现了很多具有丰富个人藏书的藏书家。大藏书家郑樵、晁公武、宋绥、陈振孙等都拥有数万卷藏书。宋代私人藏书的丰富，反映了当时文人较高的文化学术水平，而且此举对中国古代文化的保存和传播也发挥了重要的作用。

总之，两宋的文化艺术集前代之大成，又有新的突破和发展，在中国历史上占有重要地位，为后来各朝文化艺术的发展树立了一座新的丰碑。

❤ 历史大视野 ❤

宋代也是理学奠基和发展的重要时期。理学是融合佛、儒、道三教三位一体的思想体系，因主要讨论义理、性命之学等内容，故称为理学。两宋理学的重要代表学者有周敦颐、张载、程颢、程颐、朱熹等人，他们通过对性命天道的探讨，并从儒家纲常中寻找伦理依据，寄托于天与人的贯通，使君臣父子、上下尊卑的现实伦常秩序得到必然性的论证，以在思想上维护和加强封建统治。这套理学体系对后世的封建统治产生了深远的影响。

耶律氏的强盛王朝——辽

国号	辽	首任君主	太祖（耶律阿保机）
时间	907—1125	灭亡君主	天祚帝（耶律延禧）
都城	上京（今内蒙古巴林左旗南）等		
性质	奴隶制及封建制		

约在北魏时期，我国东北辽河上游一带兴起了一支游牧民族——契丹，契丹属于鲜卑族的一支。等到北魏至唐时，契丹开始分成八个原始部落，各部落酋长称为"大人"，由选举产生。唐初时，契丹形成原始部落联盟，由各部落"大人"共推一位首领来统领契丹八部，这位首领称为"可汗"，负责处理部落大事。公元907年，出身迭剌部贵族家庭的耶律阿保机被推举为可汗，成为契丹八部的首领。耶律阿保机继任首领后，领兵四处征战，扩大地盘，使契丹逐渐壮大起来。公元916年，耶律阿保机在龙化州（今内蒙古赤峰市八仙筒一带）筑坛，登基称帝，建国号契丹，成立了一个奴隶制国家。在契丹王朝建立前后，由于受汉族文化的影响，耶律阿保机开始任用汉族人担任一些官职，学

习汉族文化，改革风俗，制定法度，建立城郭。这些措施推动了契丹社会经济的快速发展，为后来的强大奠定了基础。耶律阿保机死后，其子耶律德光即位。耶律德光在位期间，继续对外用兵，使契丹版图大增——公元937年，耶律德光率兵灭掉后唐；次年，他又收取了后晋所献的幽云十六州，使得契丹的疆域扩展到长城沿线。此外，耶律德光还实行了分封宗室、整顿吏治、劝课农桑等一系列政治经济改革措施，使契丹国势变得更加强大。公元947年，耶律德光改国号为辽，定都上京，并尊耶律阿保机为辽太祖。耶律德光就是辽太宗。辽国的统治进入了第一个强盛期。

耶律德光之后，辽世宗、穆宗、景宗相继即位，但辽国的兴

盛局面并没有得到延续。为争夺权力，统治集团内部相互攻讦，连年征战，使国力渐趋衰弱。公元982年，景宗病逝，其子耶律隆绪即位，是为圣宗。从辽圣宗开始，辽国的政治局面得到了改善。当时，圣宗年仅十二岁，景宗皇后萧绰（萧燕燕）被尊为承天太后，辽军国大事多由她决断。为振兴辽国，萧太后在政治、经济等方面推行了一系列措施，

她起用名将，整顿吏治，减免穷困契丹民户的徭役，开科举选拔人才等。萧太后前后摄政二十七年，在其统治期间，辽出现中兴局面。1009年，萧太后去世，而圣宗深受她的教育与影响，继续推行改革，完成了契丹封建化的进程，使辽国力重新强盛起来，创造了繁荣的政治经济局面。

1031年，圣宗死，兴宗即位。兴宗继续推行圣宗的改革措施，取得了一定的社会效果。不过兴宗好大喜功，对外屡兴边事，结果军戍役重、边患不断，国内矛盾加剧。可兴宗却未能引起警觉，导致社会经济发展停滞，辽朝于是由盛而衰，从此一蹶

不振。等到天祚帝耶律延禧即位时，辽国的统治已经腐朽不堪。天祚帝荒淫无度，吏治极其腐败，统治者任意剥削压迫所属部民，尤其是女真人，最终激起了女真人的反抗。1115年，女真人首领完颜阿骨打建金称帝，随即掀起了大规模的反辽斗争。完颜阿骨打率领的金军，两年之内连克辽军，夺取了辽的大片土地。就在金军节节胜利之际，北宋看到辽亡已成定局，遂想乘机夺回被辽侵占已久的幽云十六州，于是与金相约一起攻打辽国。在宋金两军的联合夹击下，辽军连连败退，天祚帝也弃城奔逃。1125年，天祚帝为金军所擒，辽朝终于灭亡。

历史大视野

辽建国后，曾多次更改国号，并兴建五京。公元907年，辽建国后定国号为契丹。公元947年，辽太宗改国号为辽。公元983年，辽圣宗复称国号为契丹。1066年，辽道宗又复国号为辽。辽自耶律阿保机至兴宗耶律宗真时期，还设立了五京：上京临潢府为国都，是辽朝政治、经济、军事中心；东京辽阳府（今辽宁辽阳），为辽东北方的政治、经济、军事中心；中京大定府（今内蒙古昭乌达盟宁城西南），为辽与北宋交往的中心；南京析津府（今北京），是辽南部的政治、经济、军事中心；西京大同府（今山西大同），是辽边防要地，扼西南之要冲。

女真族建立的王朝——金

国号	金	**首任君主**	太祖（完颜阿骨打）
时间	1115—1234	**灭亡君主**	哀宗（完颜守绪）
都城	会宁（今黑龙江哈尔滨市阿城区南）等		
性质	奴隶制及封建制		

公元11世纪，就在北宋和辽征战不休之际，东北地区以完颜部为首的女真族逐渐强大起来。

女真是活跃在我国东北白山黑水之间的一个渔猎游牧民族，起源于商周时的肃慎，在唐时称靺鞨，五代时受辽统治，改称女真。从辽朝末年开始，辽统治者向女真征收大量贵重物品，引起女真各部的强烈不满。等辽天祚帝即位之后，契丹贵族对女真的压榨勒索愈来愈严重，并且经常对女真人加以侮辱。女真人实在忍无可忍，1114年七月，女真部落联盟首领完颜阿骨打率领女真各部起兵反辽。在多次挫败辽的镇压之后，女真的势力越来越强大。

1115年一月，完颜阿骨打在会宁称帝，国号金，他就是金

太祖。建国之后，完颜阿骨打便在女真部落旧俗的基础上，建立了一套奴隶制政权机构。他在中央设立了一系列的勃极烈（女真官名，即后来满族中的贝勒），分管各项事务，并将氏族部落的血缘组织和军事组织猛安谋克，改变成亦兵亦农的地方行政组织，并确立了一套简单法律制度，以维护奴隶制统治。就这样，我国北方，又一个由少数民族建立的政权正式崛起。

完颜阿骨打起兵反辽后，同辽朝进行了一系列的战争，攻取了辽的大片地区，逼迫辽天祚帝西逃。1123年完颜阿骨打死，继位者金太宗继续发动征伐战争。1125年，金与北宋联合灭辽。1127年，金又灭掉了北宋，金人开始进入中原地区。

为加强对中原人民的统治，缓解金的奴隶制和中原地区原有的封建制碰撞所产生的尖锐矛盾，1138年，金的第三代君主熙宗

完颜亶对金朝的政治经济、文化外交进行了一系列改革。主要内容有：政治上废除勃极烈，改用汉官制，加强皇权，定礼仪等；经济上，废除猛安谋克制，将猛安谋克户大批南迁，实行"计口授地"，减轻赋税徭役，解放奴婢；文化上，创建女真文字，设立学校等。他还在外交上采纳臣下的建议，与南宋形成以和为主、南北对峙的局面。这次改革极大地加强了金朝的中央集权，促进了社会稳定和经济发展，使金国由奴隶制向封建制转化，并由此强盛了起来。

1149年，熙宗死，海陵王完颜亮即位，完颜亮在位前期，继续进行了一些颇有成效的改革，使金国的社会经济得到了进一步的发展。不过，完颜亮却好大喜功，他即位后便重启对南宋的大举征伐，对外连年征战不断，而且他生活奢靡，不恤民情，使得全国上下怨声载道。

1161年，辽东留守完颜

雍趁完颜亮征宋期间，迅速起兵，推翻了完颜亮的统治。不久，完颜雍登基称帝，他就是金世宗。

金世宗夺取政权后，吸取了海陵王失败的教训，陆续推行了一系列休养生息的改革：政治上，兼容并包，任人唯贤；经济上，减轻赋税徭役；外交上，与周边各国讲和，与民休息。他还将流亡的人招回复业，废除了海陵王时期的很多弊政。

金世宗统治时期，金朝社会基本上完成了向封建制的过渡，社会生产力继续向前发展，出现了社会稳定、人民安居乐业、经济文化繁荣昌盛的局面，这就是金朝历史上的鼎盛时期，被史学家称为"大定盛世"。

金朝的盛世局面持续了三四十年，1209年，卫绍王完颜永济即位，金朝从这时开始由盛转衰。

完颜永济统治时期，北方的蒙古帝国已经兴起，并大举南下，而金国国内则政治混乱，人民起义时有发生，金国的统治陷于内外交困之境，颓势日深。

1223年，完颜守绪即皇帝位，是为金哀宗。为挽救统治，金哀宗即位之后马上推行了一系列新措施。但金哀宗本人才略不高，且又猜忌成性，诛杀良将，他推行的改革未见成效，反而使金国内部大乱，衰亡已成定局。

1230年，蒙古可汗窝阔台挥师攻金，一路攻城略地。1234年，蒙古军攻陷金哀宗的藏身地蔡州，金哀宗随后自杀，金国灭亡。

蒙古族建立的王朝——元

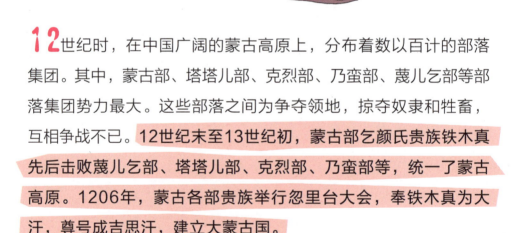

国号	元	**首任君主**	太祖（成吉思汗）
时间	1206—1368	**灭亡君主**	顺帝（孛儿只斤·妥
都城	大都（今北京）		懽帖睦尔）
性质	奴隶制及封建制		

12 世纪时，在中国广阔的蒙古高原上，分布着数以百计的部落集团。其中，蒙古部、塔塔儿部、克烈部、乃蛮部、蔑儿乞部等部落集团势力最大。这些部落之间为争夺领地，掠夺奴隶和牲畜，互相争战不已。12世纪末至13世纪初，蒙古部乞颜氏贵族铁木真先后击败蔑儿乞部、塔塔儿部、克烈部、乃蛮部等，统一了蒙古高原。1206年，蒙古各部贵族举行忽里台大会，奉铁木真为大汗，尊号成吉思汗，建立大蒙古国。

铁木真称汗以后，继续率领蒙古铁骑东征西战，向外扩张。从1205年开始，蒙古大军便一路长驱直入，先后发动四次战争，最终于1227年降伏西夏。1211年，成吉思汗又大举进攻金国，迫使金与其议和。1219年，成吉思汗亲率二十万大军西征，先灭掉西辽

（辽灭亡后，由契丹贵族耶律大石在漠北建立的政权），后攻克中亚强大的花剌子模国。最终，成吉思汗率领西征军远抵里海与黑海以北，占领了中亚大片土地，这就是震惊中外的蒙古帝国的首次西征。

1227年，成吉思汗病死。1229年，其子窝阔台即位，继续发动对周边的战争。1234年蒙古灭掉金国，1235年又揭开蒙宋战争的序幕。在南下灭宋的同时，窝阔台命侄儿拔都率军进行第二次西征，先后灭亡不里阿耳、钦察，攻入斡罗思、孛烈儿（波兰）、马札儿（匈牙利）等国。窝阔台死后，蒙哥称汗。蒙哥继续对外扩张，1252年至1260年，蒙哥命皇弟旭烈兀进行第三次西征，使蒙古的势力一度扩张到今叙利亚、伊拉克、埃及等国家或地区。

就在蒙古帝国的第三次西征即将结束之时，1259年七月，蒙古大汗蒙哥病死。1260年三月，蒙哥之弟忽必烈在开平（今内蒙古多伦西北）正式登基称汗。1271年十一月，忽必烈宣布将蒙古国改建为元朝，自称皇帝，即为元世祖。不久，忽必烈又定都燕京（今北京），改名大都，并于1279年彻底消灭了南宋，重新统一

中国。至此，元朝形成了中国历史上疆域最为辽阔的大帝国，其版图北到蒙古、西伯利亚（一说到达北冰洋），南到南海，西南包括今西藏、云南，西北至今新疆东部，东北至外兴安岭、鄂霍次克海。

为有效管理疆域庞大的帝国，元世祖加紧改革蒙古旧制，仿照汉制在全国置中书省和十一个行中书省，实行封建中央集权制。他还采取了一系列促进农业和手工业生产的措施，如，设立"司农司""劝农司"等专管农业的机构，以劝农成绩作为考核官吏的主要标准；他还开辟中外交通，在各地建立驿站，巩固了对全国各地的统治；元世祖还重视商业，鼓励对外进行经济文化交流。这些措施使元初的社会经济得到迅速恢复与发展，创造了元朝的鼎盛局面。

元世祖死后，其三子铁穆耳即位，是为元成宗。元成宗在位期间，实行了减免部分赋税，促进社会发展的措施，使社会经济继续向前发展。元成宗之后，历武宗、仁宗二帝，元朝的统治开始

日渐衰落——统治集团骄奢淫逸，官僚贪污成风，财政也开始大量亏空，统治陷入了严重危机。1320年，英宗硕德八剌即位，他励精图治，决心改革弊政，于是进行了一些以起用汉族官僚及儒臣、罢汰冗员等为内容的新政，但此举却触犯了部分蒙古贵族和色目贵族的利益。因此，新政仅实施了十个月，英宗便遇刺身亡。英宗死后，统治集团内部为夺取皇位争斗不断，在短短的十年时间里，就更换了五个皇帝，动荡的政治局面使元政府的统治变得更加混乱不堪，危机四伏，大元帝国从此彻底走向衰亡。

1333年，元顺帝即位，他荒淫无度，残酷压榨各族人民，使社会矛盾，尤其是民族矛盾变得更加尖锐。早在元朝建立初期，元朝统治者便实行民族分化政策，将人民分为蒙古人、色目人（西北各族、西域以至欧洲各族）、汉人（原金统治区的汉、契丹、女真等族）、南人（原南宋统治区的汉人和西南各族）四个等级，其中大多数汉人与南人处于社会最底层，属于被奴役的群体。元末社会政治局面的混乱和统治者的残暴统治，使得底层人民的生活更加困苦，元末农民起义终于爆发。

1351年，韩山童及其徒弟刘福通在安徽率先发动起义。1353年，江苏人张士诚也起兵反元，后来湖北沔阳人陈友谅也加入起义的队伍。在农民起义的浪潮中，安徽凤阳人朱元璋后来居上，势力越来越强大，一一剪除其他农民政权。1368年，朱元璋的军队攻入元大都，推翻了元朝统治，元朝灭亡。

元朝的社会经济及文化外交

元朝对全国的统治持续了近一百年，有元一代，社会经济和文化艺术都得到了巨大的发展。

首先，由于元朝统治者非常重视农业生产，所以元代的农业生产呈现出了新的兴盛和繁荣。为了鼓励农民开荒种田，元政府于1270年设立了司农司，专门管理农桑水利，还派出劝农官巡视各地农业生产情况。1273年，元政府又组织编纂了现存最早的官修农书——《农桑辑要》，里面收录了北方先进的农业生产技术，农耕与桑蚕并重，对当时的农业生产具有非常积极的指导意义。在元朝政府的大力推动下，元代的农业生产效率大大提升，粮食产量也比以往有了明显提高。

除了农业，元朝的纺织业发展也令人瞩目。此时，棉花已被普遍种植，人们改变了以麻布为主要衣着原料的习惯，棉织业也随之发展起来，松江府乌泥泾（今上海华泾）人黄道婆将海南先进的纺织技术和棉花加工方法传播到中原内地，使当时的棉纺织技术普遍达到相当高的水平，实现了"人人着棉衣"，创造了中国棉织的辉煌历史。

此外，元朝时，疆域空前辽阔，交通非常便利，为商业的

发展和繁荣创造了条件。当时，官道、驿站遍布全国。陆路交通上，天山南北两路分别可以抵达中西亚、印度及欧洲；海路交通上，商船由杭州可通日本，由南海可通阿拉伯、东非。为促进商业发展，元朝政府先后在东南沿海设置了泉州、上海、温州、广州等七处市舶司，管理海运贸易。各国商人经陆海两路往来于大都、杭州、泉州等商业大都市。这些城市中，珊瑚、珠玑、翡翠、玳瑁等奇珍荟萃，商贾云集，贸易空前繁盛。同时，为了适应经济发展和商品货币流通的需要，元朝还发行了统一的纸币——中统钞，相比铜钱及金银锭而言，中统钞便于携带，这对经济发展起到了积极作用。

在空前繁荣的社会经济的带动以及元朝统治者的促进下，元朝在天文学等科技领域也取得了不小的成就。1279年，元朝在大都东城墙兴建天文台。该台拥有大量先进的观测仪器，其中由元代

著名科学家郭守敬设计制作的就多达十三件。另外，在郭守敬的领导下，元朝还进行了全国范围的天文实测活动，获取了大量天文数据。1280年，郭守敬等人以精密的天文观测为依据，考证了七项天文数据，编成新的历法《授时历》，这是当时世界上最精确的历法之一。

另外，元代还是一个多元化的社会，宗教、文化的多元化尤为明显。元政府对宗教采取宽容政策，藏传佛教已成为元朝的国教。

在文化上，元代的突出成就是元曲。元曲是在宋杂剧、金院本和诸宫调的基础上，融歌舞艺术和说唱伎乐发展而成的一种新的戏曲形式，广受当时民众的喜爱。有元一朝，出现了一批著名的元曲创作者。其中，关汉卿、白朴、马致远、郑光祖四位元曲

作家，代表了元代不同时期、不同流派的风格特点，被后人称为"元曲四大家"。

元朝的书画艺术也得到了进一步发展。书法艺术方面，赵孟頫、鲜于枢和邓文原被称为元代书坛三大家。他们提倡"专以古人为法"，深究晋、唐先贤的书法，对元代书法的影响极大，创造了中国书法艺术的新辉煌。其中，赵孟頫为书画二圣，是元朝最著名的书画家。在绘画方面，除了赵孟頫，元代中后期还出现了著名的以山水画见长的"元四家"，即黄公望、倪瓒、王蒙和吴镇。这四人创作的山水画笔势雄伟，苍茫简远，备受后人尊崇。

总之，在当时，元朝经济繁荣，文化昌盛，更重要的是，大元王朝还是一个连接欧亚大陆、衔接三大洋（太平洋、印度洋和北冰洋）的超级帝国，这使得东方与西方之间的交往出现了前所未有的发达景象。

元政府曾与亚、非、欧三大洲的许多国家建立了多种联系。东亚的高丽、日本，南亚的交趾（安南）、占城、真腊（柬埔寨）、暹罗国（泰国）、缅甸，东南亚的马八儿、须门那（今印度部分地区）、马兰丹（一说在今印尼苏门答腊岛）、丁呵儿（今马来半岛），东非的密昔儿（埃及）、摩洛哥，欧洲的意大利、罗马等国家都与元朝建立了外交关系。各国多次派商人、使节、传教士来到中国，元政府也派使臣和商人出使各国，其规模之大，地域之广，超过了中国历史上的任何一个朝代，创造了继汉唐以来，对世界影响最大的繁荣局面，至今仍为人所称道。

极权统治王朝——明

国号	明	**首任君主**	太祖（朱元璋）
时间	1368—1644	**灭亡君主**	思宗（朱由检）
都城	应天府（今江苏南京）、北京		
性质	封建制		

1368年，朱元璋在应天府称帝，建国号明，年号洪武，朱元璋即为明太祖。同一年，明太祖派兵北上灭元，统一全国。明朝建立后，为加强封建统治，太祖朱元璋及其后继者建立了一整套加强中央集权的制度：在军事上，明统治者采用都督府和兵部相互节制的办法，将军权牢牢掌控在皇帝手中；在选官上，明朝继续推行科举取士制度，并逐步规定"八股取士"，即考题必须严格遵循四书五经的内容，不能擅自发挥，以此选取适合封建统治的人才；为加强皇权、监视民众，明朝还设立特务机构——锦衣卫；为强化对民众的思想控制，明代统治者还经常从文人的著作中摘取"反明"字句，罗织成罪，大兴"文字狱"。这一系列措施使中央集权得到极度强化，封建君主专制制度在明代达到了极高的程度，形成了历史

上有名的明代极权统治。

除了加强君权，明太祖朱元璋为巩固边防，翼卫王室，维护明朝统治，又从1370年开始陆续将其二十四个儿子和一个从孙分封到全国各地为王。分封于北方备边的诸王还被授以兵权，其中，燕王朱棣可以节制沿边兵马，势力最大。

1398年，明太祖朱元璋去世，皇太孙朱允炆即位，这就是建文帝。建文帝即位后，诸王以叔父之尊拥有重兵，而且多有不法行为，大大不利于中央统治。为巩固自己的权力，建文帝遂行削藩之举，他接连废掉五位诸侯王，引起了朝野上下，尤其是燕王朱棣的极大震动。为维护已有权力并伺机夺取皇位，1399年，朱棣以"清君侧"为名，称其师为"靖难"，发动"靖难之役"。"靖难之役"牵动全国军力，历时近四年，最终，实力强大的朱棣获

得了战争的胜利。1403年，朱棣攻下南京，建文帝遂自焚于宫中。随后，燕王朱棣便在南京称帝，改元永乐，是为明成祖。

明成祖即位后，建树颇丰，他先后五次北征蒙古，追击蒙古残部，缓解其对明朝的威胁（明朝建立后，元朝的残余势力分裂为鞑靼、瓦剌、兀良哈三部，其中瓦剌最强。成祖时，瓦剌被明朝招降，并接受了明朝的册封）。他还下令营建并迁都北京，奠定了北京此后五百余年的首都地位。为宣扬国威，他还派太监郑和六次下西洋，创造了中外航海史上的奇迹。明成祖统治时期，是明朝历史上的繁盛时期。不过，他穷兵黩武、宣扬国威的种种举措也劳民伤财，等到成祖统治后期，明朝已国库空虚，社会经济一度停滞不前。

明成祖死后，明仁宗、明宣宗一改成祖时期奢靡的统治风格，开始注意节俭，与民休息，从而缓和了社会矛盾，开创了比较富庶、安定的社会局面。宣宗之后，英宗及孝宗亦有所作为，英宗重用贤才、统治得当；孝宗政治清明，并采取了一系列压制特务机构的措施，使社会经济继续发展，陆续创造了明朝的中兴局面。

不过，明朝的兴盛之下暗藏着极大的隐患。明初，太祖朱元璋设立了特务机构锦衣卫，其后成祖又设立了东厂，宪宗设立了西厂、内行厂等特务机构。这些特务机构往往以宦官充任首领，由此出现了中国古代历史上宦官专权最严重的时代。英宗统治后期便宠信宦官王振，致使朝廷混乱，国力虚弱。1449年，瓦剌南侵，明英宗受王振怂恿，决定亲自出征，结果在土木堡（今河北怀

来县境内）被瓦剌军包围并俘虏，史称"土木堡之变"。"土木堡之变"并未引起继任者对宦官危害的足够重视。后来，宪宗时的宦官汪直、武宗时的宦官刘瑾相继操纵东西两厂，权倾朝野，弄得朝政极其败乱。明熹宗时，宦官魏忠贤也利用东厂、锦衣卫等特务机构，大肆迫害反对他的官民，使朝政混乱，民不聊生，加剧了明王朝的衰亡。就在这时，北方的后金政权则日益强盛，并逐年南侵，力图消灭明朝。为了抵御后金，明朝政府加紧剥削人民以筹措军费，致使阶级矛盾激化，人民起义风起云涌。

　　1630年，张献忠率先起义，不久，李自成率领的起义军也强大了起来，两支起义军攻城略地，势如破竹，迅速瓦解了明王朝的统治。1644年，李自成在西安建立了大顺政权。同年，李自成率大顺军攻破北京城，明王朝的最后一个皇帝——崇祯帝朱由检自杀身亡，明朝灭亡。

明朝的社会经济及文化外交

明朝时期，农业、手工业和商业都比较发达。其中，明朝的手工业，尤其是江南地区的手工业取得了很高的成就。明宣德年间，江南景德镇烧造的瓷器，在继承宋代瓷器制造工艺的基础上得到了新的发展，所造器具更加细腻清透，精美绝伦，达到了很高的艺术水平。江南地区的丝纺织业也达到了较高的水平，当时，纺织者已开始使用"花镂机"，从而在绫绢上织出各种色彩艳丽的花纹。

明朝时期，商品经济也有了显著的发展。苏州、松江、嘉兴、湖州、杭州等地区既是商品集散地，又是手工业生产的中心，渐渐发展为工商业市镇。这里，交易兴隆，商品经济空前繁盛。值得一提的是，在江南地区的某些手工业生产部门中，出现了资本主义生产关系的萌芽，这是明代商业产生的新气象。但此时的资本主义生产关系远未达到能动摇封建制度的统治地位的地步，直到清代鸦片战争前夕，中国仍是一个自给自足的小农封建经济占主导地位的国家。

明朝时期，科学技术方面也取得了很大的成就。首先，医学家李时珍以毕生精力，亲历实践，广收博采，对本草学及医药学进行了全面的整理总结，编订出了世界著名的医药学著作《本草纲

目》，这是中国药物学的集大成之作。农学家徐光启集前代之大成又加以发展，著成了农学名著《农政全书》。科学家宋应星则著成了世界上第一部关于农业、手工业生产的综合性科学技术著作——《天工开物》，该书被誉为"中国十七世纪的工艺百科全书"。明朝著名地理学家徐霞客遍访我国名山大川、深谷盆地，积累了丰富的地理学资料，后世整理成《徐霞客游记》。这些明代历史上继往开来的集大成之作，代表了明代科学技术发展的最高水平。

在文化艺术方面，明代的成就主要体现在长篇小说上。在明朝，长篇小说开始兴盛，大量的优秀作品不断涌现出来，其中以罗贯中的《三国演义》、施耐庵和罗贯中的《水浒传》、吴承恩的《西游记》最为著名。这几部小说反映了当时的一些社会现象，同时也因其语言浅白、通俗易懂，逐渐成为雅俗共赏的文学形式，对后世影响颇大。此外，明代的戏剧也取得了较大成就，

汤显祖所作的《牡丹亭》，浪漫色彩浓厚，心理刻画细腻，对后来的戏曲创作产生了很大影响。绘画艺术上，明朝文人画派盛极一时。"吴门四家"沈周、文徵明、唐寅、仇英在明代画坛上各领风骚。他们善于描画山水，开创了元代以来山水画的新境界。除此之外，明代类书的编撰也颇具规模，明成祖曾组织大批士人编纂出了规模空前的大型类书《永乐大典》。该书卷帙浩繁，内容丰富，总字数达十三亿七千万，为其他任何类书所不及。

除了经济、科技和文化艺术的繁荣，明代的对外交往也比较兴盛。明成祖时期，郑和率领庞大的船队多次下西洋，最远曾抵达非洲东南岸。郑和下西洋不但促进了海外贸易的发展，也推动了中国商品经济和手工业生产的发展，加强了中外交流。而且，明朝前期，经济繁盛，社会安定富强，与朝鲜、日本及东南亚许多国

家建立了邦交关系，来往比较密切。不过，到了后期，明朝的统治开始衰败，西方殖民主义者也开始侵扰我国东南沿海，先有倭寇之患（没落的日本南朝封建主组织武士、浪人到中国沿海一带走私、抢劫），后有西班牙、荷兰殖民者相继侵占台湾。其中，明朝统治者对倭寇之患最为头痛，因此不断颁布"禁海令"，并派出戚继光等强将去平复，耗费了大量的人力和物力。受此影响，"闭关锁国"的对外思想在这一时期开始形成。

　　明朝前期虽然创造了较为繁盛的社会经济和文化外交局面，可中后期对外关系的颓势却表明，古老的封建王朝正面临着新兴的西方资本主义殖民势力的挑战，封建制生产关系已经开始走向没落。

历史大视野

　　1624年，荷兰殖民者侵占台湾，并对当地人民实行残暴统治。荷兰殖民者将土地据为己有，令当地农民耕种，征收高额地租。此外，他们还强迫当地居民承担繁重劳役，苛捐杂税更是名目繁多。为摆脱殖民者的黑暗统治，台湾人民多次进行反抗。直到清康熙元年，也就是1662年，郑成功在台湾人民的支持下将殖民者逐出台湾，结束了荷兰殖民者在台湾长达三十八年的血腥统治。

最后的封建帝制王朝——清

国号	清	**首任君主**	太祖（爱新觉罗·努尔哈赤）
时间	1616—1911	**灭亡君主**	爱新觉罗·溥仪
都城	北京		
性质	奴隶制、封建制及半殖民地半封建制		

明朝中后期，分布于东北地区的女真各部发展了起来，但女真各部间并不团结，他们互相征伐，战乱不止。建州部女真人努尔哈赤经三十余年奋战，基本统一了女真各部。在统一过程中，他创立了八旗制度，创制了满文，兴建赫图阿拉城（今辽宁新宾西老城），逐步建立起较为完整的奴隶制统治制度。1616年，努尔哈赤称汗，在赫图阿拉登位，国号建州，1621年改称金，史称后金。

努尔哈赤建立政权之后，便开始积极扩张，最终夺取了明辽东的大片地区。努尔哈赤死后，其第八子皇太极即位。为避免中原地区的汉人以仇恨历史上女真贵族的心理对待自己，1635年十月，皇太极改族名女真为满洲。1636年四月，又改国号为

清，正式建立清朝。1644年，明朝灭亡之后，清军联合明降将吴三桂击败农民起义军首领李自成，随后进入山海关，直抵北京。1644年十月，皇太极之子福临，也就是顺治帝进驻北京，宣布正式定都于此，从此君临天下。顺治帝在位期间，改革满清落后的统治制度，采取一系列加强中央集权的统治措施，比如笼络汉族地主，整顿赋役制度，增加财政收入，缓和社会矛盾等。这些措施促进了国家的统一，巩固了清朝的统治，为清朝盛世局面的到来奠定了基础。1661年，顺治帝病死，其三子玄烨即帝位，是为清圣祖康熙。

清朝的统治可以分为初建、鼎盛、中衰、即将灭亡四个时期。从清朝建立到康熙初年就是清朝的初建时期。这个时期，虽然皇太极和福临在位时开拓了大片疆域，也施行了一些加强中央

集权统治的改革措施，可他们传给康熙的大清江山并不十分稳固。这时，明朝残余势力在台湾建立的南明政权正与清廷对抗；汉族民众对满清政府实行的圈地令（为安置八旗军民，顺治年间实行的圈地运动）、剃发令（满洲统治者令汉人剃发易服，以表示归顺的措施）等大为不满，反抗强烈；而且，康熙亲政不久，号称"三藩"的镇守云南的平西王吴三桂、镇守福建的靖南王耿精忠、镇守广东的平南王尚可喜之子尚之信又发动了大规模的叛乱。针对上述问题，康熙帝先倾八年之力，平定了三藩之乱；又重用汉人官员，提高汉官的地位，并且安抚民意，逐渐平息了民怨，也缓和了满汉之间的矛盾；平定三藩之后，他挥师台湾，将隔立于台湾的最后一个南明政权消灭，并设置台湾府，将之并入大清版图，初步统一了全国。此外，康熙还实行奖励垦荒、减免赋税等一系列维护封建统治的政策，使康熙初期的清朝统治区内呈现出政治稳定、经济发展的繁荣景象。

从康熙统治中期开始出现，经雍正一朝，一直到乾隆统治中叶，则是清朝的鼎盛时期。这个时期，清朝三任统治者陆续采取"停止圈地，滋生人丁，永不加赋"等政策，使社会经济得到持续发展，国库收入也迅速增加。到乾隆中叶，社会经济变得空前繁盛，全国人口已猛增到两亿以上，国库存银多达七千万两，国家财力极为充沛。另外，清廷还陆续稳定了边疆地区的统治：从1690年开始，到1757年，清廷花了近七十年时间，平定了厄鲁特蒙古族准噶尔部在新疆、西藏等地进行的叛乱；于1686年

在雅克萨击败了沙俄的侵略，维护了中国东北边疆的和平，确保了国家利益。在文化方面，这个时期也呈现出一派繁荣景象：清朝著名小说《聊斋志异》《儒林外史》《红楼梦》等均创作于这一时期；清朝画坛上享有盛誉的朱耷和"扬州八怪"（汪士慎、黄慎、金农、高翔、李鱓、郑燮、李方膺、罗聘）也主要生活在这一时期，乾隆帝甚至还主持编撰了中国历史上最大的一部丛书《四库全书》。这个时期，社会稳定，经济富足，国力强盛，形成清朝历史上所谓的"康雍乾盛世"。

不过，"康雍乾盛世"到乾隆中叶便行结束。从乾隆后期开始，一直到鸦片战争前期，清朝进入了中衰时期。这时，清政府的统治变得日益腐朽，吏治败坏，武备松弛，财政匮乏，社会经济呈现日益衰弱之相。此时，西方殖民主义者开始对中国进行侵

略，它们首先对中国进行鸦片贸易，企图以此打开中国市场。鸦片贸易使白银大量外流，统治阶级变得腐化，劳动人民的体质、精神也受到了极大的摧残。为革除鸦片之患，1838年，道光皇帝派湖广总督林则徐前往广东查办鸦片，林则徐最终将缴获的大量鸦片在虎门海滩当众销毁。虎门销烟是清朝历史的一次重大转折，英国侵略者以此为借口发动了中英第一次鸦片战争。这次战争以中国失败而告终，并签订了丧权辱国的中英《南京条约》，这标志着中国开始逐步进入半殖民地半封建社会，也表明清朝政府的统治进入了即将灭亡的时期。

此后，西方列强对中国的侵略步伐逐步加深，中国历经第二次鸦片战争、中法战争、中日甲午战争、八国联军侵华等一系列

耻辱的战争。清政府连战连败、割地赔款，奉行对内镇压、对外投降的政策，激起了中国人民的强烈反抗。这一时期进行的太平天国运动，极大地打击了清政府的统治，也掀起了反帝反封建斗争的高潮。面对内外交困的局面，清政府曾经通过洋务运动、戊戌变法等方式进行改革，试图挽回即将灭亡的命运，最终都以失败告终，最后成为帝国主义统治中国的附庸，中国也彻底沦为半殖民地半封建社会。就在民族生死存亡之际，中国的资产阶级登上了历史舞台，他们发动了一系列起义，并于1911年举行了辛亥革命，最终将中国历史上的最后一个封建王朝——清朝成功推翻，中国历史从此翻开了新的篇章。

历史大视野

八旗是努尔哈赤创建的一种军事、行政、生产相结合的社会组织。1601年，努尔哈赤开始将部众分设四旗，以黄、红、蓝、白为别，每三百人编为一牛录，首领称牛录额真（后称佐领），管理该牛录事务。1615年，因归附者日众，努尔哈赤在原有四旗基础上增设镶黄、镶红、镶蓝、镶白四旗，合为八旗。八旗制度以旗统人，以旗统兵，出则征战，入则生产。此制度的创建促进了后金社会经济的发展，亦奠定了后期清朝统一全国的基础。

清朝中后期的社会大动荡

清朝中叶之后，国势日衰，而以英国为首的西方列强在工业革命后迅速崛起，他们纷纷向外侵略扩张，发展殖民地。自18世纪末起，英国开始对华输入大量鸦片，导致中国白银外流，物价飞涨，财政困难，百姓生活日益贫敝。为革除鸦片之患，1838年，道光帝任命林则徐为钦差大臣，到广州查禁鸦片。1839年，林则徐在广州虎门海滩，将从英、美等国烟贩手里收缴来的鸦片全部当众销毁。林则徐虎门销烟后，英国侵略者恼羞成怒。1840年六月，英国派出一支由近五十艘英国战舰和四千名士兵组成的英国东方远征军侵入中国广东海域，正式挑起战端。英军一路攻陷了厦门、定海、镇海、宁波等地，并于1842年八月抵达南京下关江面，威胁清廷。在英国炮舰的威逼下，八月二十九日，清政府被迫签订了中国近代史上第一个丧权辱国的不平等条约——中英《南京条约》。在条约中，清政府割香港岛给英国，开放广州、厦门等五处通商口岸，并向英国赔款两千一百万银圆。第一次鸦片战争使中国的主权遭到破坏，中国开始沦为半殖民地半封建社会。

第一次鸦片战争失败后，清政府为筹集战争赔款，年年增加赋税，使百姓不堪重负，农民反抗运动由此愈演愈烈。1851年一

月十一日，广东人洪秀全在广西桂平县金田村举众起义，建国号"太平天国"，起义军称太平军。太平军声势浩大，曾一路攻占了安徽、江西、湖南、湖北等地，所向披靡。1864年，在清军和地主武装的打击下，坚持了十四年之久的太平天国运动最终失败，但却给腐朽没落的清王朝以沉重的打击。

就在太平天国运动刚刚兴起之时，为扩大第一次鸦片战争的战果，1856年十月，英国找寻借口进攻广州，正式发动了第二次鸦片战争。次年，法国也率军入侵中国。十二月，英法联军攻陷广州，随后进逼天津。清政府被迫签订《天津条约》。1860年，英法联军再次发动战争，相继占领天津、北京。清政府于是被迫求和，分别与英国、法国及居中调停的俄国签订了《北京条约》，第二次鸦片战争至此结束。第二次鸦片战争签订的两个条约使中国政府又开放了几处通商口岸，并且继续割地赔款，中国半殖民地化的程度进一步加深。

这时，在太平天国运动和两次鸦片战争的打击下，清政府已感觉到生存危机。为防止内乱、抵御外侮，以曾国藩、左宗棠、李鸿章等大臣为代表的洋务派在统治者的支持下，开始了一场"师夷长技以制夷"的洋务运动。从1862年开始，洋务派陆续开办了

安庆军械所、上海江南制造总局等，制造枪炮、子弹。后来，洋务运动的重心又转向兴办民用工业，一大批煤矿、铁厂、电厂、织布厂等民用工业相继创立。在洋务派的努力下，清政府还陆续开办了外文、军事、西医、电报等新式学校，并且向西方国家派出留学生。洋务运动前后进行三十余年，取得了一定的成就。但洋务运动是在封建制度下进行的经济、军事等方面的革新，并没有改变造成中国腐朽落后的封建制度。1894年，日本挑起了中日甲午战争，在战争中，李鸿章兴建的北洋水师全军覆没，清政府一败涂地，正式宣告了洋务运动的破产。1895年四月十七日，中日在日本马关签订了《马关条约》，包括了将台湾、澎湖列岛、辽东半岛割让给日本，赔偿日本军费白银二亿两等一系列丧权辱国的内容。《马关条约》签订后，全国上下群情激奋，纷纷要求抵抗侵略、救亡图存。1895年五月初，广东举人康有为发起上书请愿活动，历陈时弊，请求变法。在康有为等人的感召下，1898年六月十一日，光绪帝颁布"明定国是"诏书，宣布实行变法，内容包括：学习西方的文化、科学技术和经营管理制度，发展资本主义，建立君主立宪政体等。由于变法发生于戊戌年间，因此称为"戊戌变法"。不过，戊戌变法触动了以慈禧太后为首的顽固派的利益，为阻挠变法，1898年九月二十一日凌晨，慈禧太后将光绪皇帝囚禁，下令逮捕维新变法骨干，新法基本被废除，戊戌变法最终失败。

戊戌变法失败之后，帝国主义的侵略活动愈演愈烈，激起了反帝爱国的义和团运动。义和团民众提出了"扶清灭洋"的口

号，他们捣毁教堂，打杀作恶多端的传教士，势力越来越大。义
和团的反帝行为激怒了西方列强。1900年六月十日，英、美、
奥、意、俄、法、德、日八国联军共两千余人侵华，八月便攻陷
北京。清政府被迫与八国侵略者签订了更加丧权辱国的《辛丑条
约》，清廷从此完全屈服于列强的威势之下，完全沦为帝国主义
的傀儡，中国也完全沦入半殖民地半封建社会的深渊。为挽救民
族危亡，新兴资产阶级最终登上历史舞台。1905年，革命党
人孙中山在日本东京建立第一个全国性的统一的资产阶级政党——
中国同盟会，立志推翻清政府的反动统治。1911年，革命党人
在湖北武昌成功发动起义，建立湖北军政府。各地革命党人纷纷
起义响应，共十四省相继宣告独立，拥护共和。1912年一月，
中华民国正式成立，孙中山就任临时大总统。1912年二月，清
帝被迫退位，中国历史从此进入了新的发展时期。

图书在版编目（CIP）数据

史上竟有这样的王朝 / 邢越主编. —成都：天地
出版社，2020.7（2021.1重印）
（历史就是这么有趣）
ISBN 978-7-5455-5721-3

Ⅰ. ①史… Ⅱ. ①邢… Ⅲ. ①中国历史—古代史—少
儿读物 Ⅳ. ①K220.9

中国版本图书馆CIP数据核字（2020）第084482号

出品人	杨　政	印　刷	水印书香（唐山）印刷有限公司
主　编	邢　越	版　次	2020年7月第1版
责任编辑	李红珍　李菁菁	印　次	2021年1月第2次印刷
责任印制	董建臣　张晓东	开　本	720mm×975mm 1/16
出版发行	天地出版社	印　张	10
	（成都市槐树街2号　邮政编码：610014）	字　数	160千字
	（北京市方庄芳群园3区3号	定　价	25.00元
	邮政编码：100078）	书　号	ISBN 978-7-5455-5721-3
网　址	http://www.tiandiph.com		
电子邮箱	tianditg@163.com		
经　销	新华文轩出版传媒股份有限公司		